LES
MYSTÈRES
DE LONDRES

PAR

SIR FRANCIS TROLOPP.

VI

PARIS,
AU COMPTOIR DES IMPRIMEURS-UNIS,
QUAI MALAQUAIS, 15.
—
1844

LES
MYSTÈRES
DE LONDRES.

Ce roman ne pourra être reproduit qu'avec l'autorisation de l'éditeur.

Paris — Imprimerie de BOULÉ et Cⁱᵉ, rue Coq-Héron, 3

LES
MYSTÈRES
DE
LONDRES

PAR

SIR FRANCIS TROLOPP.

VI

PARIS,
AU COMPTOIR DES IMPRIMEURS-UNIS,
QUAI MALAQUAIS, 15.

—

1844

# TROISIÈME PARTIE.

LA GRANDE FAMILLE.

I

—
VEILLE.

Au premier étage de la magnifique maison que le marquis de Rio-Santo habitait dans Belgrave-Square, se trouvait, outre son appartement privé, une suite de chambres meublées avec ce même luxe prodigue et à la fois de bon goût qui faisait d'Irish-House entier un tout homogène et réellement merveilleux. Ces pièces n'avaient point de destination propre ; néanmoins, elles n'avaient pas toujours été désertes depuis l'arrivée de Rio-Santo en Angleterre, et les bruits du fashion de Londres laissaient planer un vague mystère sur leur destination.

Un proverbe, qui n'a pas le sens commun, dit que la voix du peuple est la voix de Dieu ; mais, si paradoxale que soit la *sagesse des nations*, elle n'a pas encore poussé l'extravagance jusqu'à formuler quelque vide et banal axiome touchant la voix des salons. S'il nous était permis de placer notre mot à ce sujet, nous qui n'avons aucune espèce de prétention au titre de fabricant de *pensées*, nous dirions que c'est la voix du diable.

Telle est notre opinion sincère et loyalement exprimée.

Quoi qu'il en soit, le West-End, qui s'occupait énormément de Rio-Santo, mâchait parfois à vide lorsque ce grand marquis ne faisait rien d'extraordinaire pendant vingt-quatre heures. Alors, appel aux imaginations ! — Deux mille âmes poétiques de ladies rêvaient quatre mille histoires bizarres, dont un nombre double de dandies se faisaient les éditeurs responsables. Entre deux épisodes de sport, le gentleman rider lui-même trouvait le temps de glisser sa version.

Un tailleur ferait sa fortune avec la millième partie de la publicité prodiguée ainsi à des contes sans queue et sans tête.

Pour ce qui regarde cette portion d'Irish-House, ordinairement inhabitée, dont nous parlons présentement, nous étonnerions profondément le lecteur si nous mettions sous ses yeux la moitié des hypothèses hasardées par les misses et les ladies du haut fashion sur ces chambres vides.

La moins hardie de ces suppositions fut émise par l'Honorable Cicely Kemp, fille cadette du comte de Drummolon-Castle, laquelle dit un soir, en secouant les longues boucles blondes qui jouaient le long de ses joues d'enfant, que Rio-Santo avait là un harem soigneusement colligé dans les cinq parties du monde.

L'Honorable Cicely Kemp allait avoir dix-sept ans dans onze mois.

L'idée eut quelque succès, — un succès d'estime; mais elle fut détrônée par la brillante invention de lady Magaret Wawerbembilwoodie, qui prétendit que le marquis possédait douze chambres de plain-pied, ornées chacune de vingt-quatre portraits de femme.

Ces deux cent quatre-vingt-huit portraits étaient ceux des principales maîtresses de Rio-Santo, suivant lady Wawerbembilwoodie.

On trouva le mot *principales* sublime. —

De fait, ce mot donnait au calcul de lady Margaret une portée gigantesque.

Quoi qu'il en soit, c'est dans l'une de ces chambres, où nul des nobles amis de Rio-Santo n'avait jamais pénétré, que nous le retrouvons.

Cette pièce n'avait aucun rapport avec l'idée que s'en faisaient les imaginations exaltées de nos ladies. On n'y voyait qu'un seul portrait de femme, et il n'y aurait point eu de place pour en mettre vingt-trois autres, car la chambre avait peu d'étendue, et deux grandes glaces qui tranchaient sur les mats reflets d'une tenture de velours sombre en occupaient presque toute la largeur.

Le portrait de femme était suspendu entre deux croisées dont les épais rideaux abaissaient leurs plis jusqu'à terre. Vis-à-vis du portrait, il y avait un lit. Derrière les rideaux du lit, on entendait la stridente respiration d'un être humain aux prises avec la fièvre.

Une lampe, recouverte d'un abat-jour, brûlait sur la table, et sa clarté voilée luttait contre les premiers rayons du jour, qui commençaient à donner de la transparence aux draperies rabattues des fenêtres.

Rio-Santo était assis au pied du lit dans un fauteuil.

C'était une belle et douce femme que celle dont le portrait apparaissait vaguement aux lueurs ennemies de la lampe mourante et du jour naissant. Une expression de bonté touchante qui dominait dans sa physionomie n'en excluait ni la noblesse, ni même cet attrait fugitif et enviable que les experts appellent le *piquant*. Elle semblait fort jeune et portait le costume des misses du gentry à l'époque de nos dernières luttes contre la France.

Le costume de 1815, disgracieux en soi et fatal aux femmes ordinaires, comme le peuvent prouver surabondamment les divers portraits de ce temps, a néanmoins quelque chose de virginal et de naïf qui va bien aux beautés jeunes, riantes, suaves, dont le front d'enfant se couronne d'une candeur presque pastorale. Ces cheveux courts et bouclés, ce corsage haut, sans plis, relevant le sein et s'ajustant à une robe dépourvue de draperies, cadrent mal avec les grands traits et jettent du ridicule sur ces visages de reines qui ont besoin de l'éclat satiné des bandeaux, des reflets alternés des tresses ou de ces longues masses de boucles élastiques auxquelles peuvent seules suffire les opulentes chevelures de nos dames, et qu'on nomme pour cela des *anglaises* sur le continent. Il faut encore à ces visages les larges plis d'une robe disposée selon l'art, depuis que ne sont plus à la mode les lignes sévères de la draperie antique.

La jeune fille du portrait eût été plus belle encore peut-être avec notre costume moderne, mais sa toilette de 1815 lui allait bien,

Ses cheveux, d'un brun clair et comme indécis, bouclaient, légers, presque transparens, sur le plus harmonieux front qu'on puisse voir. Ses yeux, sa bouche et son sourire étaient ceux d'un enfant, mais d'un enfant que fait rêver le premier vent d'amour, et qui va s'éveiller femme. Il y avait de la finesse et de la raison dans l'ingénuité de son regard qui promettait une âme à la fois ferme et douce et tout un charmant ensemble de pureté, de soumission féminine, de franchise et de réflexion.

Un poète se fût, en vérité, pris d'amour pour cette ravissante fille rien qu'à voir son portrait, mais il y avait le costume qui était une date. — Cette ravissante fille était une femme maintenant; quinze ou dix-huit années avaient passé sur la fraîcheur veloutée de ces joues, et peut-être y avait-il à présent des rides à ce front si brillant et si plein.

Chacun a pu rencontrer en sa vie de ces fugitives et indéfinissables ressemblances qui frappent vivement à un moment donné pour disparaître ensuite. On les cherche : elles n'existent plus, et l'on pourrait même dire que, plus on les cherche, mieux elles nous échappent. De guerre las on renonce ; on se persuade que ce rapport entre deux objets qu'on voit actuellement dissemblables n'exista jamais. Ce fut une erreur de l'imagination, une fantasmagorie, un rêve... Puis, tout-à-coup, lorsqu'on n'y songe plus, la capricieuse

ressemblance reparaît plus frappante ; elle
vous saute aux yeux ; impossible de la méconnaître.

Qui peut produire cela ? Bien des choses
assurément. Le jour, frappant les traits d'une
certaine façon et mettant en relief certaines
lignes d'ordinaire effacées, — le costume, la
coiffure, un air de tête, un geste, un rien, —
et aussi, et surtout un sentiment passant subitement du cœur sur le visage.

Il n'en faut pas davantage, et la ressemblance s'évanouit comme elle était venue.
Fille du hasard, elle ne reviendra que si le
hasard la ramène.

Aussi, nombre de gens se brisent la cervelle, se torturent la mémoire pour se rendre compte de ces passagères ressemblances qui les frappent soudain et qu'ils n'avaient jamais aperçues; ils se demandent laborieusement à qui ressemble cet homme, à qui ressemble cette femme, qui ressemble positivement à quelqu'un de leurs connaissances. Ils cherchent et ne trouvent point. Comment trouveraient-ils? Hier, il y avait un abîme entre le modèle et la copie; demain cet abîme, fortuitement comblé, sera recreusé plus profond. Ces deux visages auxquels un jeu de lumière, un sourire, une boucle dérangée, donnent une mutuelle et surprenante analogie, sont notoirement dissemblables : c'est le blanc et noir, le beau et le laid.

Ceci expliquerait parfaitement pourquoi la plupart des ressemblances sont tour-à-tour établies et contestées. Il n'en est point de si impossible à méconnaître, qui, proclamée, n'ait fait hausser les épaules et soulevé quelque protestation.

A coup sûr, si nous avions rassemblé dans la chambre où veillait M. le marquis de Rio-Santo toute les jeunes femmes qui jouent un rôle dans notre histoire, et qu'un de nos lecteurs, admis dans ce huis-clos, eût pu les comparer l'une après l'autre au portrait récemment décrit, nous voudrions faire la gageure qu'aucune d'elles ne lui eût semblé avoir le moindre rapport avec la peinture...

Mais c'est que Susannah ne souriait guère

en l'absence de Brian de Lancester, et nous supposons Brian de Lancester absent.

Appelons-le. Dès qu'il paraît, le charmant visage de la belle fille s'éclaire, son œil s'allume, son front rayonne : on dirait qu'une divine auréole vient couronner sa beauté.

Cette auréole, c'est le sourire.

Or, maintenant, regardez Susannah souriante et regardez le portrait. N'y a-t-il pas entre ces deux figures de caractères si différens une frappante ressemblance? Le sourire commun les rapproche; on dirait deux sœurs à présent. Ce qu'il y a de doucement mélancolique dans le sourire du portrait concorde avec l'arrière-nuance de tristesse que la belle fille garde jusque dans son sourire. La rêverie de l'une est la gaîté de l'autre. Leurs traits diffèrent, et aussi l'expression de leurs traits, car l'une a la grâce débile de l'enfance et l'autre déjà le charme hautain et noble de la femme forte, mais chez tous deux rayonne la naïveté du premier âge. Seulement, nous le répétons une fois encore, c'est la mélancolie de la jeune fille du portrait qui ressemble à la gaîté de Susannah.

Et comme la jeune fille du portrait paraît être de celles qui sourient franchement d'ordinaire, dans une demi-minute, Susannah ne lui ressemblera plus...

Ces choses sont fugitives. Elles importent peu. On les jugera certainement frivoles. —

Bon Dieu! miladies, que vous devenez sérieuses depuis qu'une demi-douzaine de professeurs français viennent vous enseigner, chaque saison, l'algèbre, l'histoire et l'astronomie! Prenez garde, au nom du ciel! le sérieux enlaidit, et lorsque ces professeurs indiscrets retournent en France, Paris entier, saisi d'une indicible horreur, apprend que lady Drummond compose des vers grecs avec une facilité lamentable; que la comtesse d'Aboyne résout des équations d'un degré fabuleux, et que miss Elmina Elliot, la rose fille du comte de Saint-Germain, partage ses gracieux loisirs entre la trigonométrie et le calcul différentiel.

Et Paris bat des mains avec moquerie, mesdames, et sa vieille jalousie, heureuse de se satisfaire en ceci, confond la plus belle moitié de notre joyeuse Angleterre sous l'odieuse, l'outrageante, l'abominable épithète de bas-bleu.

Or, si vous saviez, miladies, ce que c'est à Paris qu'un bas-bleu !...

Mais nous sommes dans Belgrave-Square, où jamais bas-bleu parisien ne posa son pied crotté.

Vis-à-vis du portrait, comme nous l'avons dit, se trouvait un lit, dont les rideaux entr'ouverts laissaient passer le râle fiévreux d'un malade.

Lorsqu'un souffle de vent faisait monter

tout-à-coup et briller davantage la flamme affaissée de la lampe, l'œil apercevait, au fond de l'alcôve, le masque pâle et amaigri d'un homme. Cet homme ne dormait pas, mais la souffrance qui pesait sur lui l'enchaînait, immobile, à sa couche. Ses yeux s'ouvraient par intervalles, tantôt ardens et rouges dans la profondeur de leurs caves orbites, tantôt abattus, éteints, morts, sous le plomb d'une paupière laborieusement soulevée. Il eût été fort difficile de distinguer le détail de ses traits; car outre l'obstacle résultant du milieu obscur où se montrait vaguement cette figure ravagée, une barbe épaisse la couvrait presque entièrement.

Le marquis de Rio-Santo, assis dans un

fauteuil à l'endroit où s'ouvraient les rideaux relevés, contemplait le malade avec inquiétude, et semblait être en proie à une fièvre presque aussi intense que la sienne.

Il était pâle et réduit à un état de complet épuisement. Ses paupières, bleuies par la fatigue, ressortaient entre la blancheur maladive de son front et la bordure enflammée de ses yeux. Son corps, trop exquis dans ses proportions pour n'être point doué d'une vigueur peu commune, s'affaissait sur lui-même, comme si toute force l'eût abandonné. Il respirait péniblement et sa physionomie exprimait une amère tristesse.

Sept heures sonnèrent à la pendule d'une

chambre voisine. Rio-Santo fit effort pour se retourner et regarda la fenêtre.

— Encore une nuit de veille après une journée d'oisiveté, murmura-t-il; — cet homme dit vrai... il me tuera !

Une convulsion soudaine du malade agita brusquement les couvertures.

— Toutes deux !... toutes deux ! cria-t-il d'une voix caverneuse.

Rio-Santo se leva et passa sur le front du malade un mouchoir imbibé d'eau fraîche et de vinaigre.

— Toutes deux !... toutes deux ! dit encore

celui-ci dont la voix s'affaiblit pour s'éteindre en un murmure indistinct.

— Toutes deux ! répéta Rio-Santo comme s'il eût cherché à lire sur le visage du malade un commentaire à cette parole ; — voilà six jours qu'il répète ces mots sans cesse... Je ne puis deviner quelle est sa pensée...

Il joignit les mains et un découragement plus amer se peignit sur ses traits tout-à-coup.

— Oh ! ma pensée, à moi, reprit-il, ma pensée !... Moi qui depuis quinze ans n'avais pas perdu une heure, voilà que je perds six jours au moment où chacun de mes jours pourrait valoir une année !... Pauvre Angus ! Il souffre,—et il est son frère à elle que tant et de si longues traverses n'ont pu me faire oublier!... Il faut bien que je lui sois en aide moi-même, puisque l'intérêt de ma sûreté éloigne tous les secours de son lit de souffrances... Oh! ce que je fais est nécessaire ; — mais je donnerais un an de vie pour avoir le droit de quitter ce lit durant vingt-quatre heures!... Vingt-quatre heures! Il aurait le temps de mourir douze fois!

Il se laissa retomber dans le fauteuil.

— Mon Dieu! poursuivit-il après quelques secondes de silence et d'une voix que l'émotion faisait trembler, — ceux-là sont bien heureux et doivent être bien forts qui, pour accomplir une noble tâche, s'efforcent au grand jour et n'usent que de moyens avouables... Ceux-là doivent avoir au cœur une indomptable puissance qui, rappelant leurs souvenirs, ne voient au fond de leur mémoire qu'actions loyales et généreux dévoûmens... Mon but est grand... grand et sublime ! ajouta-t-il en relevant soudainement la tête ;—mais j'étais si faible ! Il y avait entre ce but et moi tant d'obstacles impossibles à franchir... Oh ! j'ai failli... et, une fois lancé hors de la route directe, je me suis laissé dériver au courant de mes passions folles... Je me suis reposé de mon gigantesque labeur en de gigantesques orgies..... Je n'ose regarder en arrière dans ma vie..... Pour rester fort, il faut que mon œil soit sans cesse fixé en avant... il faut que, fuyant mon passé, je me réfugie dans l'avenir... il faut que je marche... Et voilà que je m'arrête, mon Dieu !

et voilà qu'un homme tombe en travers de ma route !... Un homme qui est mon frère et dont l'aspect soulève ma conscience... un homme qui connaît de mes secrets ce qu'il faudrait pour me perdre !...

—Je l'ai vu, je l'ai vu ! dit sourdement Angus Mac-Farlane à ce moment : —j'ai vu sa poitrine percée d'un trou rond et rouge... et la voix des rêves m'a dit : —C'est le sang de tes veines qui doit le mettre à mort !

Rio-Santo regarda le malade avec un vague effroi.

—Me mettre à mort, répéta-t-il lentement ; — ce serait un châtiment terrible que de mourir de ta main, Mac-Farlane !... mais je ne pourrais pas me plaindre...

Ces mots furent suivis d'un long silence. Rio-Santo, le visage caché entre ses deux mains, semblait absorbé par de navrantes pensées.

Le jour montait cependant, et la lampe vaincue perdait parmi la lumière du dehors les dernières lueurs de sa flamme expirante.

— Selle Billy, mon cheval noir, Duncan de Leed! dit tout-à-coup le laird d'une voix sonore; — il faut que je passe la rivière aujourd'hui, afin d'aller à Londres, où je tuerai Fergus O'breane, l'assassin de mon frère Mac-Nab !

Rio-Santo se découvrit le visage et fit un geste de muette résignation.

— Je vais seller votre cheval Billy, Mac-Farlane, répondit-il ;—mais Fergus O'Breane est votre frère aussi... Vous n'aurez plus de frère quand vous l'aurez tué.

— C'est vrai, murmura le laird qui frémit douloureusement sous ses couvertures ; c'est vrai !...

Puis il ajouta d'une voix si confuse que Rio-Santo ne put l'entendre.

— Plus de frère et plus de filles !... Je les ai vues... toutes deux !... toutes deux !

Sa tête s'affaissa lourdement sur l'oreiller.

Rio-Santo se leva et tendit ses membres fatigués. Puis il se dirigea vers la fenêtre dont il sépara les rideaux.

Son œil se ferma en recevant immédiatement l'éclat du jour, et c'eût été, pour un témoin appelé à surprendre le secret de sa solitude, un spectacle douloureux que celui de l'anéantissement complet écrit en lisibles traits sur son visage, naguère encore si superbe.

Il semblait que le doigt de Dieu l'eût touché, comme Nabuchodonosor : il n'était plus que l'ombre de lui-même.

La chambre où il se trouvait donnait sur un étroit passage, conduisant des écuries de sa maison à Belgrave-Lane. Le passage était plein déjà de palefreniers et de grooms.

Rio-Santo les regardait, et il y avait de la jalousie dans son regard.

— Ils sont heureux ! murmura-t-il enfin ; — leur vie se passe sans autre fatigue que celle du corps... Ils ont des amis qui les suppléeraient au besoin et continueraient leur tâche fortuitement interrompue... Mais moi !... oh ! moi, je suis seul ! Mon œuvre est en moi, toute en moi ! Voici le seul homme à qui jamais j'aie montré un coin de mon âme ; et cet homme a le transport... Et il épuise mes forces en des luttes insensées. Il me tue en détail avant de m'assassiner tout d'un coup, comme il le fera quelque jour dans sa folie.

Il releva vivement les manches de sa robe de chambre.

— Il meurtrit mes bras, poursuivit-il; ses ongles ont déchiré ma poitrine!... La fièvre le rend fort... Hier, le souffle me manqua, et je crus que j'allais mourir sous sa furieuse étreinte... Mon Dieu! mon Dieu! pitié! — non pas pour moi, mais pour tant de malheureux qui souffrent et dont je voulais être le sauveur...

— Rio-Santo! reprit Angus avec raillerie; — on l'appelle maintenant Rio-Santo... Je sais, moi, ce que c'est que ce Rio-Santo... C'est Fergus, le bandit du Teviot-Dale, Fergus l'assassin... Fergus, que je ne tue pas, parce que mon cœur est lâche devant un homme que j'ai aimé... Mais je prendrai du courage pour obéir à la voix de mes rêves. Selle mon cheval, Duncan de Leed!

Rio-Santo l'écoutait tristement. — C'était justement l'indiscret délire d'Angus Mac-Farlane qui rivait le marquis à son chevet. Rio-Santo n'avait point de confident, et nulle oreille ne devait entendre ces secrets enfouis que divulguait la fièvre.

Et il restait là, lui dont la partie, commencée quinze ans auparavant, et conduite depuis avec une obstination patiente, infatigable, approchait du coup décisif. Il restait là, au risque d'échouer en vue du port.

Il aimait Angus; — et, chez Rio-Santo, tout

sentiment était fort. Son amour seul, qui était fort aussi, s'éteignait dans l'inconstance.

Angus, après avoir prononcé ses dernières paroles, se retourna dans sa couche comme pour s'endormir. Rio-Santo respira. — Mais presque aussitôt un frémissement convulsif s'empara de tous ses membres, tandis que sa pâleur devenait plus livide.

Le laird venait de se dresser sur son séant.

Rio-Santo s'approcha du lit doucement, releva ses manches et serra la ceinture de sa robe, comme s'il se fût préparé à une lutte désespérée.

Le laird, cependant, souriant sous les poils

hirsutes de sa barbe mêlée, arrondit sa main en cornet et fit le geste de boire un verre de whisky à petites gorgées.

Puis il entonna d'une voix joyeuse et retentissante :

> Le laird de Killarwan
> Avait deux filles ;
> Jamais n'en vit amant
> De plus gentilles
> Dans Glen-Girvan.

Il s'arrêta; ses paupières battirent : il reprit plus lentement :

> Le laird, un beau matin,
> De sa fenêtre,
> Vit, dans le bois voisin,
> Derrière un hêtre,
> Bondir un daim.

Pendant ce second couplet, sa voix s'était

assourdie ; ses yeux, hagards, roulaient. — Rio-Santo tremblait.

Angus reprit encore :

> Le laird, en bon chasseur,
> Suivit sa trace,
> Puis sonna son piqueur
> Et dit : En chasse !
> De tout son cœur.

Mac-Farlane haletait ; ses mains crispées déchiraient sa couverture ; un voile sanglant descendait sur ses yeux démesurément ouverts. — Rio-Santo ramassa ses membres, comme s'il allait bondir en avant et attaquer un dangereux ennemi.

II

AGONIE.

La ronde de Killarwan a bien des couplets, et pas une fillette, entre le Tweed et la Clyde, ne serait embarrassée pour vous les chanter tous depuis le premier jusqu'au dernier.

C'est l'histoire naïvement contée d'un bon gentilhomme de la vallée de Girvan qui part pour la chasse, laissant en son manoir les deux plus jolies filles *que jamais vit amant.*

Sa chasse le mène fort loin, par delà Pasley, tout auprès de Glasgow. Il reste quatre jours en route, crève son beau cheval rouan et ne fait en définitive rien qui vaille. — Hélas! quand il revient au château, les gens de la montagne ont ravagé sa moisson, brûlé ses granges et enlevé ses filles.

Les deux plus jolies filles de Glen-Girvan!

Si Rio-Santo eût pu entendre jusqu'au bout cette ballade, il aurait deviné sans doute la cause de cette violente douleur qui alimentait sans cesse le délire d'Angus. Il aurait compris le sens de cette exclamation si souvent répétée :

— Toutes deux ! toutes deux !

Mais la fièvre ne laissait jamais au malheureux père le temps d'achever la ballade. Au bout de quatre ou cinq couplets, sa douleur arrivait à son paroxisme ; il voyait l'effroyable tableau de l'enlèvement des deux pauvres enfans endormies au fond du bateau de Bob, — et il s'élançait pour les secourir.

Lorsqu'il commença le quatrième couplet, sa bouche écumait déjà et tout son corps frémissait sous l'effort d'une invincible horreur.

Rio-Santo ne connaissait que trop bien ces

redoutables symptômes. Depuis six jours, il soutenait, soir et matin, et parfois plus souvent, des luttes acharnées contre le laird, qui, dans son transport, voulait sauter par la fenêtre, croyant trouver la Tamise derrière. Et Rio-Santo, épuisé par une veille continuelle, non moins que par ces étranges batailles où le laird déployait cette vigueur surhumaine des fiévreux, qu'il faut d'ordinaire plusieurs hommes robustes pour contenir, sentait venir l'instant où ses forces le trahiraient.

De sorte que, cloué devant ce péril auquel nul n'aurait voulu croire, il attendait, comme les gladiateurs antiques à l'amphithéâtre, il attendait l'étreinte suprême, — car il ne souhaitait pas la mort d'Angus, qui l'eût rendu pourtant à cette lutte bien autrement sérieuse, à cette lutte aimée, à laquelle il avait donné sa vie.

Rio-Santo était fait ainsi. Là où des hommes honnêtes eussent montré le néant de l'honnêteté humaine en souhaitant vaguement une issue *quelconque* à cet écrasant combat, Rio-Santo se résignait et n'avait pas au fond du cœur l'ombre d'une égoïste pensée.

A Dieu ne plaise que nous mettions sans réserve au dessus des cœurs honnêtes ces âmes ouvertes à tous vents extrêmes, puissantes pour le mal autant que pour le bien ; qui ont en elles l'enfer et le ciel.—Nous constatons un fait purement et simplement, heureux d'échapper, à l'aide de notre insuffisance, modestement proclamée, à la nécessité de faire, sur ce sujet, riche assurément, en phrases rondes et sonores, une dissertation qui pourrait nous attirer, comme à l'un de nos confrères de France, les louanges intelligentes de quelque honorable *recorder* (1) (avocat-général), habitué aux fleurs abondantes et tant soit peu fanées de la rhétorique du Palais.

Le laird entonna d'une voix rauque et qui contrastait grandement avec la naïve bonne humeur des paroles, ce quatrième couplet :

Le lair de Killarwan
Par les bruyères,

---

(1) Il ne nous appartient pas de rendre plus évidente qu'elle ne l'est dans le texte, l'allusion faite ici par sir Francis Trolopp à un passage de certain réquisitoire.

> Courant comme le vent,
> N'épargnait guères
> Son cheval rouan

Ces derniers mots, traînés sur un mode lugubre, furent suivis d'un râle déchirant. — Puis le laird rejeta violemment ses couvertures, mettant à nu ses jambes velues et d'une effrayante maigreur.

— Elles sont là! elles sont là! s'écria-t-il avec explosion; toutes deux... toutes deux dans le bateau!... Mais je suis bon nageur!...

Il voulut s'élancer vers la fenêtre, suivant son habitude, par souvenir de cette autre fenêtre de l'hôtel du *Roi George,* donnant sur la Tamise. Une subite étreinte de Rio-Santo le contint.

Alors, il poussa un cri terrible ; ses yeux se rougirent jusqu'à paraître pleins de sang, son haleine brûla le visage du marquis, tandis que ses ongles labouraient furieusement sa peau.

Ce fut une lutte effroyable et comme on en voit parfois seulement dans ces maisons où des malheureux, pour un pauvre salaire, s'exposent aux attaques formidables des fous furieux. Angus, poussé par un délire qui atteignait son paroxisme, frappait, déchirait, mordait ; on eût dit un tigre délivré de sa chaîne. — Rio-Santo essayait vainement de le contenir. Ne pouvant rendre coup pour coup, et bornant sa résistance aux moyens de la plus stricte défensive, il recevait à chaque instant de terribles atteintes.

On entendait uniquement le râle furibond du malade et la respiration haletante du marquis.

En un instant, le lit fut inondé de sang. — Angus était sur son séant, une jambe hors du lit et l'autre étendue. Il avait un bras passé autour du cou de Rio-Santo qu'il serrait de toute sa force. De l'autre main il frappait sans relâche. Le marquis employait tous ses efforts à le retenir dans cette position, parce qu'il comprenait que le pied du laird une fois à terre et trouvant un point d'appui, son assaut deviendrait irrésistible. Rio-Santo était robuste, et sa situation désespérée lui rendit pour un instant sa vigueur native épuisée par six jours de martyre. Il réussit à renverser le laird sur l'oreiller, et crut en avoir fini avec cette crise. Le laird, en effet, demeura deux ou trois secondes immobile, mais au moment où Rio-Santo reprenait haleine, Angus se redressa fougueusement, saisit à deux mains sa gorge et l'étrangla en poussant un sauvage cri de triomphe.

C'en était fait du marquis. Ses bras étaient retombés inertes le long de ses flancs. Il ne pouvait plus ni se défendre ni même crier pour appeler du secours. Il n'avait pas perdu connaissance, mais il se sentait à tel point impuissant et perdu sous l'atroce pression de ces mains d'acier, rivées autour de sa gorge, que l'instinct de la défense s'éteignit en lui.

L'angoisse de ce moment ne se peut point décrire. Rio-Santo se voyait mourir. Avec lui croulait l'édifice qu'il avait si laborieusement dressé, seul et de ses mains, depuis la pierre d'assises jusqu'au faîte. Ses desseins si vastes et si mûrs s'évanouissaient comme de fous rêves. Et comme il n'avait point de confident, rien de lui, — rien ! — ne restait en ce monde. C'était une mort complète, plus qu'une mort, c'était un naufrage dans le néant. Nulle trace ne devait survivre à son trépas ; il allait disparaître tout entier comme ces hérétiques dont on brûlait les cadavres au temps de barbarie, pour ensuite disperser leurs cendres aux vents.

A cette heure suprême, il se repentit amèrement d'avoir donné sa vie à un dévoûment vulgaire.

Il ne maudit point cet homme dont la démence l'assassinait, mais il se maudit lui-même et regarda sa faiblesse en mépris. — Sa vie n'était pas à lui. En la jouant, il avait prévariqué ; en la perdant, il rendait d'un seul coup à son caractère les proportions humaines qu'il avait cru si long-temps dépasser. Il se refaisait homme, presque enfant ; il abandonnait un peuple pour tâcher vainement de sauver un maniaque !

Et lui dont le rêve était de soulever le monde, tombait mort, en une lutte où la victoire fût restée à quelque pauvre infirmier de Bedlam !

Toutes ces pensées, et bien d'autres que nous ne pouvons point dire parce que ce n'est lieu de détailler ici le plan auquel le marquis de Rio-Santo donnait toutes ses heures depuis quinze annés, envahirent son cerveau à la fois. A l'aide de cette intuition perçante et synthétique qui est propre à l'agonie, il vit d'un coup d'œil son œuvre, son œuvre presque achevée; il la vit grande, glorieuse, magnifique en son ensemble et dans chacune de ses parties; — il la vit ainsi, mais ce n'était plus qu'un songe décevant! Cette œuvre, il l'avait cachée à tous les yeux; elle était enfouie en lui-même; elle n'existait qu'à la condition de sa propre existence...

Que n'eût-il pas donné pour un jour de sursis!

Mais son avenir n'avait plus que quelques

secondes. Angus riait et serrait toujours, piétinant joyeusement et poussant de temps à autre un triomphant hurrah.

Il croyait étrangler le ravisseur de ses filles.

L'espérance eût été désormais folie. Rio-Santo ferma les yeux de son esprit qui voyaient en arrière trop de choses regrettables, et tâcha de devancer l'apathie de la mort.

Mais ce fut en vain. L'horreur de son agonie atteignit son comble. — Il aperçut comme au travers d'un nuage, tout ce qu'il aimait, tout ce qu'il avait aimé. Lady Ophelia le caressait de son mélancolique et passionné sourire, Mary Trevor lui tendait sa main soumise, et une autre jeune fille vint pencher au dessus de lui son suave et charmant visage, tout imprégné de candeur enfantine et de gracieux amour...

Ce que nous décrivons ici avec la lenteur inhérente à la parole humaine, Rio-Santo ne fut pas un quart de minute à l'éprouver. Toutes ces choses diverses, sérieuses et frivoles, toutes ces choses d'amour et d'ambition ou appartenant à un sentiment plus vaste, plus haut, moins personnel que l'ambition, passèrent devant ses yeux, rapides, vives, éblouissantes.

Il y eut un monde de sensation dans cette agonie de quelques secondes.

Jamais son plan et les détails de son plan, simple dans sa conception, mais conpliqué à l'infini, eu égard à l'exécution, ne lui étaient apparus aussi lucides.

—La vie ! quelques jours de vie, mon Dieu, pensait-il, et le succès ne peut m'échapper... Le but est là... sous ma main... je le touche !

On voit plus belles toujours et plus parfaites les choses qu'on va quitter pour jamais, et toute partie semble imperdable, qu'on est forcé d'abandonner avant le verdict du sort.

Rio-Santo, faible contre cette navrante épreuve, se réfugiait en d'autres souvenirs amers aussi, mais conservant, jusque dans leur amertume, une saveur amie. Il remonta par la pensée le courant de son existence et s'en alla chercher, par delà les récentes impressions de ses labeurs ardens ou de ses passagères amours, une mémoire bénie, un souvenir lointain, un amour pur.

Bien des fois, il avait mis cet amour cher encore sur les blessures qui atteignaient souvent son cœur parmi les hasards de sa vie aventureuse. C'était comme un baume souverain, comme un suprême remède.

Cette fois le remède agit encore. L'image évoquée parut et Rio-Santo sentit au dedans de soi une force calme...

Le laird, poursuivant sa victoire, venait de le renverser sur le tapis et pesait de tout son poids sur sa poitrine.

Rio-Santo, galvanisé un instant par ce surcroît de douleur physique, s'agita involontairement, puis redevint immobile.

Notre récit tourne ici fatalement en un cercle vicieux et notre plume hésite entre les deux tranchans d'un dangereux dilemme. Chaque phrase que nous ajoutons à la description de cette minute vue, pour ainsi dire, au microscope, donne à notre peinture un cachet d'invraisemblance apparente. Comment penser que tant de choses se soient passées en si peu de secondes.

Mais comment penser aussi, avant de l'avoir vu, qu'un imperceptible insecte possède autant et plus de parties distinctes qu'un quadrupède de grande taille ? Comment soupçonner qu'il se trouve dans une gouttelette d'eau des monstres dont l'aspect bizarre recule les bornes de la plus extravagante fantaisie ?

Nul ne saurait, à coup sûr, calculer ce que le cœur de l'homme peut recevoir d'impressions diverses en une seconde, ni ce qu'un cerveau surexcité peut concevoir durant le même espace de temps. La sensibilité du cœur, l'élasticité de l'esprit se multiplient aux instants de crise dans des proportions inconnues, et, mieux que tout à l'heure, maintenant que nous avons posé ces prémisses, nous pouvons répéter pour répondre à tous reproches :

Il y a un monde entier de sensations et de pensées dans une agonie de quelques secondes.

L'esprit du lecteur ne doit donc point se

révolter à la comparaison du temps matériel qu'il faut pour qu'un homme, privé de souffle, perde connaissance, et du travail intellectuel, multiple, subtil, et qui semblerait demander des heures de méditation, que nous essayons de décrire chez le marquis de Rio-Santo mourant.

Il était renversé, la tête contre le tapis et les yeux volontairement fermés. En ce moment où toute chance de salut, si petite qu'on la puisse concevoir, lui était enlevée, il avait dit, comme nous l'avons vu, un douloureux adieu à ses rêves de grandeur, à ses gigantesques projets politiques, et appelait, parmi les convulsions mortelles qui précédaient l'immobilité suprême, un souvenir aimé, une consolation pour remplacer l'espoir enfui.

Le laird serrait toujours, il serrait plus fort ; — et pourtant sur le front de Rio-Santo, violet de sang et tout barriolé par le zigs-zag des veines violemment engorgées, une vague expression de repos vint s'asseoir.

Ce fut comme la goutte d'eau fraîche donnée au martyr cloué sur la croix.

Le souvenir appelé venait de descendre, heureux et serein, au fond du cœur de Rio-Santo. Un visage charmant et jeune, portant sa chevelure d'un brun nuancé sur un front d'enfant, comme une auréole d'angélique ignorance, rayonnait dans sa mémoire. Ce visage, dont rien ne saurait dire les séductions naïves, était sans aucun doute l'original du portrait suspendu entre les deux fenêtres ; mais combien il était plus beau que le portrait !

Il y avait entre eux en effet deux termes d'une progression dont tout amant connaît la magique puissance : il y avait d'abord la distance du portrait à l'original, de la froide copie à la beauté vivante dont le sein bat, dont l'œil pétille ou se voile, dont le sang court sous l'enveloppe lactée d'une douce peau ; il y avait en outre la distance de la réalité au souvenir, de la prose à la poésie.

Rio-Santo, parmi son supplice, eut un véritable mouvement de bien-être, et certes il fallait que le coin de sa mémoire où vivait cette image chérie fût bien meublé de doux souvenirs, pour qu'un pareil effet pût se produire en cet horrible moment.

Car le laird se fatiguait de serrer, et serrait plus fort pour serrer moins long-temps.

Rio-Santo sentit monter dans sa poitrine son dernier soupir. — L'idée de cette pure enfant qui consolait son agonie s'alliait sans doute en lui à la pensée du ciel, car le nom de Dieu vint expirer sur sa lèvre.

Puis, dans un suprême effort, sa voix étouffée jeta faiblement cet autre nom :

— Marie !

Angus Mac-Farlane tressaillit légèrement et lâcha prise aussitôt.

—Marie ! répéta-t-il,—qui parle de Marie?

Il pencha son oreille jusque sur la bouche de Rio-Santo. — Rio-Santo ne prononça pas le nom une seconde fois.—Il ne respirait plus.

Angus se redressa.—Quelque idée nouvelle passait au travers de sa cervelle dérangée par la fièvre.

— Que fais-je ici? murmura-t-il ; — ah! ah ! c'est bien, je vais aller dans Cornhill voir mes filles... Elles doivent être bien belles maintenant !

Son œil retomba sur Rio-Santo. — Il fit en arrière un bond prodigieux qui le porta jusque auprès du portrait,

— Fergus ! gronda-t-il avec épouvante et colère ; — Fergus O'Breane !.... Toujours l'image de Fergus mort et tué par moi !... La voix des rêves me le disait cette nuit encore... Oh ! je me souviens... la voix des rêves, qui est la voix de mon frère Mac-Nab, me disait : — C'est ton sang, le sang de tes veines qui doit le mettre à mort... Mon Dieu ! ce doit être une horrible chose que de tuer un homme qu'on a aimé... un homme qu'on aime !

Il détourna la tête avec horreur de ce qu'il croyait être une vision surnaturelle. Dans ce mouvement, son regard rencontra le portrait suspendu entre les deux croisées.

— Mary ! murmura-t-il doucement ; — je savais bien que j'avais entendu prononcer le

nom de Mary... La voilà... ma bonne sœur
Mary!... Elle ne me voit pas, car elle viendrait
bien vite embrasser son vieux frère... oui, je
suis vieux, moi... Et comme elle est jeune,
elle ! Elle a bien souffert aussi, pourtant.

Le froid du parquet se fit sentir à ses pieds
sans chaussures, et il s'aperçut de sa nudité.
Ses traits flétris, et auxquels une barbe hé-
rissée donnait une apparence de sauvage fé-
rocité, peignirent tout-à-coup l'embarras d'un
enfant pris en faute par un maître sévère. Il
tendit ses bras décharnés vers le portrait et
sourit avec flatterie.

— Mary, ma bonne sœur Mary, dit-il en
marchant à reculons vers le lit, — ne me
gronde pas... je vais me recoucher... J'ai bien

soif... Je cherchais à boire... Pourquoi n'a-t-on pas sellé mon cheval noir, Mary ? Je voulais partir pour Londres, afin de rendre visite à mes filles... Et aussi... Mais il ne faut pas que Mary sache cela, se reprit-il en baissant la voix, — et aussi pour tuer Fergus O'Breane, l'assassin de mon frère Mac-Nab...

Tout en parlant ainsi, il marchait toujours à reculons vers le lit. Son pied heurta l'épaule de Rio-Santo, qui gisait sans mouvement sur le tapis. Il poussa un cri d'horreur et demeura tremblant et comme saisi d'un frémissement général.

Puis il passa la main sur son front baigné de sueur.

— Toujours cette affreuse vision ! dit-il ;
— toujours... Dieu le veut !

Il retomba comme une masse inerte sur le lit, la tête tournée vers la ruelle.

Un profond silence régna dans la chambre.

Angus dormait, épuisé par la lutte dont son esprit malade ne gardait point conscience, mais qui avait produit chez lui une fatigue dont les effets se faisaient sentir à sa nature physique.
— Rio-Santo, cadavre étendu sur le sol, n'avait plus aucune apparence de vie. Ses yeux s'étaient rouverts à demi et montraient, sous les poils recourbés de sa paupière, leur émail terne et vitreux. Sa bouche, ouverte aussi, laissait voir ses dents convulsivement serrées.

Chacun de ses membres gardait, inerte, affaissée, la position prise aux derniers instans de la lutte, et ses beaux cheveux noirs se mêlaient, épars, au soyeux pelage du tapis.

Le sanglant soleil des matinées brumeuses de la Tamise jetait sur cette scène lugubre une lumière étrange, et rougissait hideusement la nudité velue du laird, étendu sur le lit.

Le portrait seul semblait vivre et jetait son heureux sourire sur le maniaque et sa victime.

Quelques minutes se passèrent ainsi.

Au bout de ce temps, si une oreille se fût trouvée ouverte dans la chambre, elle eût saisi un bruit vague, indécis, continu, qui semblait partir de la boiserie située à droite du portrait.

C'était quelque chose comme une clé introduite par une main malhabile dans une serrure inconnue.

Mais le lambris, de ce côté, n'offrait aucune trace de porte.

Le bruit, cependant, continuait et gardait la même apparence. C'était bien une serrure sollicitée par une clé maladroitement tournée.

Enfin le pène joua brusquement sous un effort dirigé au hasard. — Le lambris demeura mmobile ; ce fut seulement au bout d'une minute environ qu'on eût pu voir un panneau s'agiter lentement. Derrière ce panneau entr'ouvert se montra le pâle visage du docteur Moore.

Il était plus blême encore que de coutume et semblait épouvanté de l'indiscrétion audacieuse qu'il venait de commettre.

Cette indiscrétion, du reste, n'eut point pour lui un résultat fort décisif ; car, au moment même où il avançait la tête derrière le panneau, un bruit de pas se fit entendre au dehors vers la partie opposée de la chambre. Le docteur referma doucement la boiserie, manifestant par un hochement de tête significatif le dépit de sa curiosité trompée.

Presque aussitôt le cavalier Angelo Bembo

s'élança dans la chambre, suivi du beau chien Lovely. — Lovely bondit jusqu'au panneau qui venait de se refermer et aboya bruyamment; puis, revenant vers le corps de son maître, il tourna tout autour de lui en poussant de plaintifs hurlemens.

III

PRÈS D'UN CADAVRE.

Le cavalier Angelo Bembo avait pris la tête du marquis et la soutenait sur ses genoux. Il tâtait le cœur, qui ne battait plus ; il touchait le pouls immobile et repoussait ces mortels témoignages. Il n'y voulait point croire.

—Signore! disait-il, signore!... ne refusez pas de me répondre!... Vous m'aviez défendu d'approcher de cette partie de la maison, et pourtant je veillais jour et nuit derrière cette porte... je vous désobéissais... et parce que j'ai quitté mon poste pendant quelques minutes!... Par pitié, répondez-moi!

Lovely flairait, tournait et gémissait.

— Tais-toi! s'écria Bembo avec colère; — tu pleures trop vite; il n'est pas mort... A bas, Lovely! tu vois bien qu'il dort! Don José, au nom de Dieu, répondez-moi, don José!

Bembo essaya de soulever le corps du marquis, mais son émotion lui enlevait toute force; il ne put. — Alors, il s'étendit tout de son long sur le tapis et ramena la tête de Rio-Santo sur son sein.

Lovely se coucha aux pieds de son maître, l'œil humide, et mit son museau dans les longues soies du tapis.

Bembo était accablé : la conviction s'était faite en lui, malgré lui, et il se savait maintenant auprès d'un cadavre. Bembo avait le cœur jeune et chaud ; sa faible volonté, complétement inféodée à la volonté supérieure du marquis, n'avait point de ces regimbemens de vassal, qui protestent à tâtons contre le maître et poussent aveuglément à la révolte. Il aimait le marquis; il avait foi en lui. Son dévoûment, irréfléchi, peut-être, était ardent et entier. Il admirait, il respectait sans mesure Rio-Santo, dont les grands et audacieux projets ne lui était pas tout à fait inconnus.

Depuis long-temps ses jours s'écoulaient auprès du marquis, et celui-ci, discutant sans cesse avec soi-même les chances et les dangers du jeu hardi qu'il tenait en main, avait laissé échapper une partie de son secret. La vive intelligence d'Angelo Bembo n'avait pas eu besoin d'indices bien graves d'ailleurs pour tomber sur la trace : c'était un de ces poétiques et subtiles esprits qui devinent et bâtissent l'inconnu sur une toute petite pointe de réalité ; mais c'était aussi un timide et honnête cœur. Il n'avait point voulu aller au delà de ce que son imagination avait conjecturé à son insu et comme malgré lui ; habile à suivre la trace d'un secret, il avait fermé ses oreilles et ses yeux, pour n'être point exposé à céder à quelque tentation de savoir plus, de deviner mieux et d'aller au fond de ce mystère dont il avait entrevu la surface.

Une confidence du marquis l'eût comblé de joie, l'eût rendu fier, et haussé peut-être à tel point dans sa propre estime, qu'il fût devenu homme fort tout-à-coup. Mais jusqu'à ce que Rio-Santo parlât, il ne se croyait point le droit de desceller sa pensée intime pour y porter un regard curieux.

Rio-Santo l'aimait, et Rio-Santo était pour lui l'expression la plus choisie du beau, du noble, du grand. On n'admire pas autant que cela sans craindre un peu, et le cavalier

Angelo Bembo mettait trop de bonne foi dans l'aveu de son infériorité pour ne se croire point réellement soumis aux devoirs d'un homme lige.

Quant aux ténébreuses machinations qui s'agitaient dans la nuit autour de lui, sa partiale tendresse pour le marquis en faisait deux parts avec un tact admirable. Tout ce qui regardait Rio-Santo était, selon lui, bien fait, non seulement excusable, mais licite. Rio-Santo, à ses yeux, était une véritable puissance belligérante ; or, la guerre admet toutes sortes d'armes, et ne consiste pas exclusivement à faire abattre en mesure, au bruit de 'ophycléide et du canon, quarante ou cinquante mille porteurs d'épée, glorieuses machines qui s'appellent soldats, sergens, capitaines, et auxquels on ne permet point d'avoir une intelligence à eux, — tristes gladiateurs, mourant le plus souvent pour la plus grande renommée de chefs qu'ils méprisent, et dont le sang, héroïquement versé, profite à quelque vieux lord, dont trente ladies folles font couler en bronze les membres cagneux, et qu'elles décorent du sobriquet d'Achille ou de César. La guerre se fait autrement parfois : elle tue alors moins bruyamment les pauvres gens que la politique revêt de beaux uniformes, pour mettre devant leurs yeux d'enfans vains et coquets quelque chose de chatoyant, un peu d'or, un peu de pourpre, qui puisse couvrir leur servage, mais elle arrive au but plus sûrement. Ce sont ces guerres silencieuses qui jettent bas les empires, et non plus ces meurtrières parades qui coûtent trop d'argent pour que l'on puisse dire qu'elles produisent à tout le moins un engrais avantageux aux champs où se donna la bataille.

Rio-Santo, puissance armée pour la guerre, avait droit de stratagème. Le cavalier Bembo se servait de cette clé pour expliquer chacune de ses actions, et cette clé était souveraine.

Mais cette clé s'appliquait à Rio-Santo tout seul. Les autres membres de la mystérieuse association dont Bembo faisait partie sans participer activement à ses menées, n'avaient ni les mêmes prétextes qu'on pût alléguer en leur faveur, ni la même excuse à faire valoir.

Ils ignoraient les grandes vues du maître ; ils se seraient peut-être opposés de tout leur pouvoir à l'exécution de ses vastes desseins. Entre ses mains, ils étaient des instrumens ; son bras vigoureux avait su dompter leur instinct de révolte ; ils le servaient en frémissant, parce qu'ils le savaient fort.

Mais, tout en le servant, ils suivaient l'ornière de leur misérable vie, ils étaient bandits de tout leur cœur ; ils volaient par amour de la rapine, et leur coupable industrie, pour être organisée sur une immense échelle, gardait devant un esprit honnête sa souillure originelle.

Il n'y a guère, en effet, que nos diplomates et nos banquiers, casuistes recommandables et fort en crédit, pour établir une différence entre le vol d'une demi-couronne et le vol d'un million sterling.

Quelques lecteurs candides nous trouveront bien sévères vis-à-vis de ces diplomates et banquiers, et pourront penser, eux aussi, qu'il est plus excusable de voler un shelling qu'un millier de guinées.—Que Dieu soit béni s'il se trouve encore des lecteurs pour plaider si vertueusement une détestable cause ! Nous leur répondrons seulement que leur officieuse défense est plus sévère que notre accusation ; — car c'est le vol des millions qu'on excuse dans un certain monde, lorsqu'on ne l'y exalte pas.

Quant au misérable qui transgresse la loi

pour quelques pence, fi donc! Il n'y a point de corde assez rude pour le pendre!

Angelo Bembo méprisait profondément cette armée de malfaiteurs qui évolue dans la nuit de Londres, et possède d'innombrables gradins hiérarchiques depuis le *swel-mob* (1) de bas lieu jusqu'à ses subalternes, perdus dans les boues de Saint-Giles et de White-Chapel ; depuis le filou irlandais, *gueusant* aux abords des chapelles catholiques, jusqu'au noble lord drapé dans son inviolabilité et votant à la chambre haute des lois dont il se rit le lendemain matin dans la société mêlée

---

(1) Nous avons donné déjà la signification de ce terme : chevalier d'industrie.

de sa taverne favorite. Angelo connaissait jusque dans ses plus minces détails cette plaie cancéreuse de la grande ville ; il savait que la *Famille* des voleurs de Londres, qui se recrute partout, en haut comme en bas, tient, par une chaîne à laquelle il ne manque aucun anneau, la ville entière garrottée.

Il savait aussi que le marquis de Rio-Santo pouvait d'un geste mettre en mouvement les cent mille membres de cette redoutable famille.

Mais ce contact de l'homme qu'il respectait avec cette tourbe infâme pour laquelle, en aucune occasion, il ne prenait la peine de cacher son aversion dédaigneuse, ne le révoltait point.

Il y avait en lui parti pris d'admirer. — Et d'ailleurs, une fois le cas de guerre admis, une fois Rio-Santo posé en face de l'Angleterre comme un ennemi *légitime* (et nous pouvons affirmer que cette expression hasardée a du moins le mérite de rendre comme il faut la position du marquis vis-à-vis de l'Angleterre), une fois, disons-nous, le droit d'engager la bataille accepté, ce contact de Rio-Santo avec les gens tels que Tyrrel, le docteur Moore et d'autres encore, non pas plus criminels, mais enfoncés plus avant dans la fange, n'avait rien en soi que de normal,—suivant les lois éternelles de la guerre. En quel temps les grands capitaines se sont-ils privés du secours d'alliés suspects de brigandages? Les lansquenets d'Allemagne, les routiers de France, les condottieri d'Italie, étaient autant coupe-jarrets que soldats, et l'un de nos princes à qui l'histoire donne des proportions héroïques, notre Richard, le chevalier, rival de Philippe de France, ne dédaigna point, dit-on, l'aide des archers de Robin-Hood, pour remonter en vainqueur les degrés du trône de ses pères. Or, Robin de Norwood était, n'en déplaise au chantre divin de Wilfrid d'Ivanhoe, l'un des plus sanguinaires bandits qu'ait produits l'Angleterre.

Sol fertile, pourtant, terre classique des bandits sans pitié !

Angelo raisonnait ainsi, — ou peut-être autrement et beaucoup mieux. Toujours est-il qu'il arrivait à ce résultat de se persuader que Rio-Santo était impeccable.

En ceci, sa rancune maltaise contre les Anglais était bien pour quelque chose ; mais ce qui plaidait surtout au fond de son âme pour le marquis, c'étaient les éblouissantes qualités de cet homme étrange dont la fascination devait opérer en effet avec une réelle violence sur la nature fougueuse et faible d'Angelo, véritable nature italienne, moins la cauteleuse arrière-pensée qui suit souvent, dans ces cœurs brûlans et mous comme la lave d'un volcan éteint à demi, le généreux élan de l'impression première.

Il était à Rio-Santo ; son dévoûment n'avait point de bornes. Ni Rio-Ranto, ni lui-même n'en connaissaient la portée, parce que le propre des grands dévoûmens est de ne point éclater bruyamment au dehors en protestations bavardes, et aussi d'être trop instinctifs et spontanés pour pouvoir prendre eux-mêmes leur mesure.

Depuis ce soir où le marquis avait donné audience au prince Dimitri Tolstoï, ambassadeur de Russie, il était resté enfermé dans Irish-House. La cause de cette réclusion subite et complète n'est point un mystère pour le lecteur. Rio-Santo, en s'éveillant du court sommeil qui l'avait surpris sur le sofa même que venait de quitter le prince, avait trouvé Angus Mac-Farlane sanglant, à demi-mort, étendu à ses pieds.

Cette circonstance seule peut avoir besoin d'être brièvement expliquée.

A la furieuse attaque de Bob Lantern, qui l'avait lancé au milieu du courant de la Tamise, Angus Mac-Farlane, étourdi par ces chocs multipliés qui eussent broyé tout autre crâne que celui d'un bon Écossais, coula comme une masse inerte, incapable de faire effort pour se sauver. Mais ce moment d'atonie fut court. L'instinct du nageur prit le dessus avant même qu'Angus pût se rendre compte de sa situation, et quelques mouvemens mécaniques et provenant uniquement d'une longue habitude de dangers pareils, le ramenèrent à la surface.

Il respira longuement et se soutint au

dessus de l'eau, comme pourrait le faire un phoque, sans savoir qu'il nageait. Au bout d'une minute seulement, ses yeux recouvrèrent la puissance de voir. — La lune brillait encore au dessus du pont de Blackfriars, et le courant de la Tamise montrait au loin sa nappe illuminée.

Angus Mac-Farlane regarda autour de soi; — il ne savait pas ce qu'il cherchait, mais il cherchait quelque chose.

A ce moment, la barque de Bob glissait silencieusement sur l'eau des arches du pont, virait à bâbord et touchait terre un peu au dessous de Bridge-Street, au débarcadère privé d'une grande maison d'Upper-Thames-Street.

Ces débarcadères, qui se ressemblent tous et qu'une voûte relie à la rue, ne sont point fort activement surveillés par la police du fleuve. Qui pourrait soupçonner Coventry et Sons ou Redgow and C° de faire la contrebande ? A cause de cette négligence de la police, fondée du reste sur un sentiment louable et profondément gravé au cœur de tout Anglais, le respect dû aux millions, ces mêmes débarcadères servent parfois aux pires usages.

Sous la voûte, parmi les voitures de chargement de la maison Coventry et fils se trouvait un fiacre attelé de deux forts chevaux. — Ce fiacre attendait Bob, et lui avait servi déjà dans la soirée à transporter les deux filles du laird de leur maison de Cornhill à l'hôtel du *Roi George.*

— Ohé ! cria Bob ; M. Pritchard est-il là ?

— Non, répondirent les chargeurs.

— Que Dieu le punisse ! gronda Bob ; — qui recevra mes balles de coton, alors ?

M. Pritchard était l'un des principaux commis de la maison Coventry.

— *Gee !* (hue !) cria un chargeur en allongeant un coup de fouet à ses chevaux.

Une lourde voiture se mit en mouvement sur les rails qui servaient à faciliter la montée de la voûte.

Pendant que les ligthermen juraient en compagnie des charretiers, et que les fers des chevaux, glissant sur le pavé gluant, lançaient dans les ténèbres de la voûte des gerbes d'étincelles, le cocher du fiacre descendit doucement de son siége, ouvrit la portière et aida Bob Lantern à opérer le débarquement de ses deux balles de coton.

Une fois les deux sœurs dans la voiture, Bob repoussa du pied la barque en pleine eau, enjamba le marchepied et s'étendit sur les coussins en grommelant :

— On peut dire que j'aurai durement gagné mon pauvre argent ce soir !

— Ohé ! cria-t-il ensuite par la portière, au

moment où le fiacre dépassait le seuil de la voûte, — vous direz à M. Pritchard que je suis bien son serviteur.

Les deux chevaux du fiacre prirent le galop dans Upper-Thames-Street.

Désormais Bob était à l'abri de toute mésaventure, — et Dieu seul pouvait venir en aide aux deux pauvres enfans dont il avait fait sa proie.

Le laird, cependant, reprenait peu à peu connaissance. Un instant la lumière se fit dans son esprit frappé. Il se souvint, un cri d'angoisse déchirante sortit en râlant de sa poitrine.

— Anna, Clary ! prononça-t-il en se soulevant au-dessus de l'eau par un habile et puissant effort.

Il domina ainsi durant quelques secondes le courant de la Tamise, brillamment éclairée par la lune, enfin victorieuse dans sa lutte contre les nuages. Il ne vit rien. Par hasard, aucun bateau ne sillonnait en ce moment le fleuve.

Angus se laissa retomber anéanti. — Puis une brume épaisse couvrit de nouveau son intelligence. Rendu aux puissances machinales de l'instinct, il nagea vers la rive et prit terre à cent pas au dessus de la voûte où Bob Lantern venait de débarquer.

Le laird était venu à Londres pour voir le marquis de Rio-Santo, à qui le liaient d'étroites et secrètes relations. Nous devons dire tout de suite que ses facultés se trouvaient fréquemment, depuis plusieurs années, hors de l'état normal. Il n'était pas fou, mais une idée fixe dominait son cerveau et tyrannisait sa volonté.

Il voulait voir Rio-Santo, parce qu'il l'aimait, et parce qu'une invincible force le poussait vers lui, — pour le tuer.

C'était la troisième fois qu'il quittait ainsi l'Ecosse à l'insu de ses filles et qu'il venait à Londres depuis l'arrivée du marquis. Il connaissait le chemin de Belgrave-Square, et savait les entrées d'Irish-House.

Une fois à terre, transi, sanglant, à demi-mort, il se dirigea, chancelant et forcé souvent se s'appuyer aux murs des maisons, vers Belgrave-Square. La route est longue de Temple-Gardens à Pimlico. Il était près de onze heures lorsque le laird, épuisé, mit le pied dans Grosvenor-Place. Il ne tourna point du côté de Belgrave-Square. Sans se rendre compte de son action, il prit le chemin du *Lane* qui porte le même nom, parce qu'il avait coutume, ainsi que beaucoup d'autres, d'entrer par là dans Irish-House.

Au milieu de Belgrave-Lane, en effet, il tourna l'angle d'un petit passage et s'appuya au mur à côté d'une porte fermée.

Au bout de quelques minutes, cette porte

s'ouvrit et donna passage à un homme de grande taille, enveloppé dans son manteau. Cet homme, qui sortit en grommelant des paroles de colère et qui oublia de refermer la porte, n'était rien moins que Sa Grâce le prince Dimitri Tolstoï, ambassadeur de S. M. l'empereur de toutes les Russies.

Angus Mac Farlane poussa la porte et entra.

Ses vêtemens trempés d'eau le glaçaient ; la fatigue l'accablait ; son crâne ouvert saignait et le faisait horriblement souffrir. Il n'avait plus que le souffle.

Il se dirigea néanmoins, sans se tromper, au travers d'un labyrinthe de passages connus et parvint jusqu'au rez-de-chaussée d'Irish-

House, à la porte de ce salon réservé où avait eu lieu l'entrevue du prince et du marquis.

Il entra et se traîna, rampant sur le tapis, jusqu'aux pieds de Rio-Santo endormi sur l'ottomane. — Là, ses forces l'abandonnèrent et il s'affaissa en murmurant les noms d'Anna et de Clary.

Nous savons le reste.

Depuis ce jour, comme nous l'avons dit, Rio-Santo s'était confiné dans une chambre retirée de son hôtel, située derrière le cabinet où il avait coutume de se retirer aux heures de travail.

La porte de cette chambre était rigoureusement défendue. — Aux heures des repas, on trouvait Rio-Santo dans son cabinet ; les mets qu'on lui apportait étaient enlevés le lendemain presque intacts.

Depuis ce jour aussi, le cavalier Angelo Bembo rôdait sans cesse aux alentours de la chambre où était couché le laird. Il avait aperçu deux ou trois fois Rio-Santo sans pouvoir l'entretenir, et l'air de lassitude infinie, l'expression de découragement amer qui remplaçaient le calme hautain ordinairement assis sur le visage du marquis, firent naître chez Bembo une inquiétude qui ne put manquer d'aller croissant chaque jour.

Un seul homme, le docteur Moore avait parfois accès dans le cabinet de Rio-Santo. Le jeune Italien ne tourna donc point de ce côté l'espionnage de son dévoûment alarmé. — Il essaya de voir et d'écouter, par la porte donnant sur le corridor intérieur d'Irish-House, porte par où nous l'avons vu entrer tout à l'heure. Pendant long-temps, il n'entendit rien et ne vit rien.

Un soir enfin, des bruits étranges parvinrent jusqu'à lui. Une voix rauque et monotone se prit à chanter le refrain populaire d'une ballade écossaise.

Puis un silence profond se fit.

Puis encore Bembo crut entendre un double râle et des gémissemens qui se confondaient. — Son inquiétude ne connut plus de bornes : il pesa doucement sur le pène ; la porte s'entr'ouvrit.

Bembo crut rêver. Il vit don José aux prises avec une sorte de fantôme, vivant cadavre, dont les bras velus, noirâtres, étiques, faisaient de frénétiques efforts pour l'étrangler.

Le premier mouvement du jeune Italien fut de s'élancer au secours du marquis ; mais celui-ci opposait à son fantastique adversaire une force si supérieure que l'issue de cette lutte étrange ne pouvait être douteuse. Or, Bembo avait peur de se mettre ainsi violemment en tiers dans un secret d'une nature si bizarre.

Il résolut d'attendre et referma la porte.

Bembo fut ainsi témoin de toutes les luttes qui suivirent entre le malade et Rio-Santo. Dans les intervalles, il voyait celui-ci, dont les connaissances étaient universelles, soigner le fiévreux avec l'habileté d'un médecin consommé et avec la tendre sollicitude d'un frère.

Son esprit s'y perdait. — Quel était cette homme ?

Assurément, sans mériter reproche aucun de curiosité, il était permis de se faire cette question.

Mais il était malaisé d'y répondre.

Bembo d'ailleurs, ne se préoccupait de ce secret qu'en tant qu'il intéressait le marquis.

Il devinait que, sous cette veille extraordinaire au chevet d'un malade, il y avait quelque chose de grave, et ne se croyait point permis d'entrer plus avant dans ce mystère sans nécessité absolue.

Cependant Rio-Santo s'affaiblissait chaque jour. Il devenait plus pâle que l'homme de l'alcôve lui-même, et Bembo, dans son attentive sollicitude, voyait venir le moment où ces luttes solitaires sans cesse renouvelées présenteraient un danger réel.

Et il attendait, prêt à s'élancer lorsque son intervention, devenue indispensable, excuserait sa désobéissance aux ordres du marquis.

Il attendait, passant ses jours et bien souvent ses nuits aux environs de la porte fermée. — Mais il faut bien peu de chose pour faire manquer, en toutes choses, le moment opportun. La meilleure sentinelle peut s'endormir à son poste, et l'on a vu de parfaits soldats déserter leur faction durant quelques minutes.

Or, quelques minutes suffisent.

Pour quelques minutes d'oubli, Bembo se trouvait maintenant en présence du cadavre d'un homme pour lequel il eût donné tout son sang...

IV

LE COIN DU LORD.

Il y avait, au bout du corridor où le cavalier Angelo Bembo passait à peu près sa vie depuis quelques jours, une fenêtre basse qui s'ouvrait sur une toute petite cour, environnée d'un mur. Au delà de la cour était le passage communiquant avec Belgrave-Lane.

Dans Belgrave-Lane, juste en face de la fenêtre basse s'élevait une maison construite en briques rouges, bronzées par les brouillards de Londres, tout imprégnés de la noire vapeur du coke. Cette maison, triste et abandonnée d'ordinaire, avait dans le quartier une mauvaise réputation. Le marchand de cigares de Grosvenor-Place racontait volontiers à qui voulait l'entendre qu'elle avait servi long-temps de *free and easy* (1) à un noble lord. On y avait entendu souvent le

---

(1) Sous-entendu *house* : maison où l'on est libre et à l'aise (petite maison).

bruit nocturne des orgies, et parfois, de ses étroites fenêtres, des plaintes de femme étaient tombées jusqu'à l'oreille du passant attardé dans l'allée de Belgrave.

Depuis quelques années, on ne voyait plus guère s'ouvrir les contrevens rembourrés du *free and easy* que les commères du quartier de Pimlico appelaient le coin du lord (*lord's-corner*). La maison demeurait inhabitée, et seulement, à de bien rares intervalles, ses croisées s'illuminaient quelque soir.

Le lord vieillissait, sans doute, et ses fantaisies devenaient de moins en moins fréquentes.

On ne connaissait point, du reste, dans

Pimlico le nom de Sa Seigneurie, dont les visites à la petite maison s'étaient faites de tout temps avec le plus grand mystère.

Le *lord's-corner* était, du reste, admirablement situé pour l'usage que lui prêtait la voix commune. Rien ne dominait ses croisées, qui regardaient de biais une partie des derrières d'Irish-House. De là seulement aurait pu partir un coup d'œil indiscret. — On doit croire que Sa Seigneurie avait reconnu cet inconvénient ; car, douze ou quinze ans auparavant, on avait planté des arbres dans l'étroite cour qui séparait Irish-House du passage.

Et l'on disait que, pour le seul fait de la plantation de ces arbres, Sa Seigneurie avait payé trois mille guinées à l'ancien propriétaire d'Irish-House. Comme il y avait trois arbres, cela donnait vingt-six mille francs pour chaque pied.

On ne saurait acheter trop cher l'avantage de murer sa vie privée.

Les trois arbres, transportés à grands frais dans la petite cour et plantés lorsque leur crue était déjà fort avancée, avaient peu profité depuis lors. Ils étalaient au devant des fenêtres d'Irish-House leur maigre feuillage; l'hiver, ils entrechoquaient leurs branchages étiques, voile transparent, suffisant pour dérouter le regard fixé sur Irish-House, mais incapable d'empêcher les curieux de cette dernière maison d'espionner à leur aise le *lord's-corner*.

De sorte que, en définitive, Sa Seigneurie n'avait rien muré du tout.

L'arbre du milieu masquait la fenêtre basse située au bout du corridor intérieur d'Irish-House.

Tout en veillant sur Rio-Santo, le cavalier Angelo Bembo, dans les premiers jours surtout, allait et venait, passait parfois quelques heures dans sa chambre, située à l'étage supérieur, et sortait même durant de courts instans. Bien qu'il n'habitât point Irish-House, il avait conservé de telles habitudes auprès du marquis, que les gens de la maison ne pouvaient point s'étonner de sa continuelle présence. D'un autre côté, comme personne n'eût été assez osé pour pénétrer jusqu'au corridor malgré la défense du marquis, nul ne pouvait surprendre l'espionnage de Bembo.

Sans cela, c'eût été, depuis huit jours, un précieux sujet d'entretien pour les cuisines et les écuries d'Irish-House, que cette bizarre fantaisie du signor Bembo d'élire ainsi domicile au cœur de l'hiver dans une froide galerie. — Il faut dire néanmoins que les cuisines et les écuries d'Irish-House n'étaient point à court de sujets d'entretien. Si bien séparés que soient maîtres et valets en Angleterre, les longues oreilles de la livrée savent toujours saisir quelques mots au passage, et les murs les plus épais n'ont pas, pourrait-on croire, le pouvoir d'arrêter l'œil curieux de la valetaille. Aussi, grooms et valets, dans Irish-House, sans se rendre compte au juste du grand et mystérieux drame dont leur maître était le principal acteur, jasaient volontiers à perte de vue sur une foule de choses qui leur semblaient sortir de la rainure commune où glisse la vie de Londres.

Nous ne comptons point initier nos lecteurs aux ingénieuses conjectures qui se faisaient sur ce, autour des fourneaux souterrains et dans la chaude atmosphère des magnifiques écuries.

Un matin, — c'était le troisième jour que Bembo veillait, — le soleil s'était levé plus pur qu'à l'ordinaire et combattait victorieusement le rempart opaque que lui opposaient les lourdes vapeurs incessamment suspendues au dessus de nos têtes. Bembo s'était accoudé sur l'appui de la fenêtre du corridor et suivait avec distraction les lignes indécises du profil d'Irish-House, dont le soleil projetait la silhouette élégante de l'autre côté de Belgrave-Lane.

Son regard parcourait ainsi, presque à son insu, la façade brunâtre du *lord's-corner*, qui, frappée d'aplomb par le soleil, empruntait à cette illumination inusitée un air de lugubre fête. L'arbre qui s'élevait entre lui et le *free and easy* touchait littéralement la fenêtre et ne pouvait par conséquent intercepter son regard. — Au contraire, ce même arbre pouvait le cacher d'autant plus facilement qu'il était plus proche et que les derrières d'Irish-House se trouvaient être à contre-jour.

Bembo venait d'assister à l'une de ces luttes silencieuses et terribles que précédait toujours le rauque chant du malade, et que suivaient, pour les deux combattans, quelques heures de repos, fruit d'une lassitude mutuelle.

Bembo était bien triste : son grand œil noir dont, à ces heures de mélancolique rêverie, la prunelle avait une douceur tendre et presque féminine, se promenait sans voir sur les objets extérieurs.

Tout-à-coup sa distraction chagrine fit place à une expression d'étonnement.

Le soleil, en pénétrant dans l'une des chambres du *lord's-corner*, venait de lui montrer une jeune fille étendue dans un fauteuil et dormant.

Il y avait un an que Bembo venait presque tous les jours à Irish-House. Souvent il avait pu remarquer l'état de solitude et d'abandon de la petite maison de Belgrave-Lane, dont la destination mauvaise ne lui était point inconnue. Jamais il n'avait vu les contrevens s'ouvrir dans toute cette année.

Son premier mouvement fut exclusivement curieux ; puis une nuance d'intérêt attendrit son regard : Angelo Bembo était tout jeune.

Mais ce fut une impression passagère et bien vite étouffée. — Que pouvait être la dormeuse, sinon l'une de ces femmes dont la vie est consacrée aux récréations nocturnes de milords du haut parlement, l'une de ces femmes que Leurs Seigneuries se passent de main en main, comme une espèce ayant cours, charmantes incarnations du vice, fleurs brillantes que de nobles caprices fanent avant le temps, et qui, fanées, tombent un jour des somptueux coussins d'un équipage dans la boue noire du ruisseau, — où nul ne s'avise de les relever.

Le cavalier Angelo Bembo détourna la tête.

Mais il y a de ces radieux visages dont l'empreinte reste obstinément sur la pupille, comme celle du soleil, long-temps après que l'œil s'est refermé.

Bembo voulut revenir à ses tristes pensées, mais entre sa tristesse et lui quelque chose d'éblouissant se posait. — Il voyait la gracieuse enfant du *lord's-corner* étendue en face de lui, et dans sa pose, aperçue ainsi au travers de son récent souvenir, il y avait une pudeur exquise, infinie...

Encore une fois, le cavalier Angelo Bembo était tout jeune.

Involontairement, sa tête se retourna et son regard chercha de nouveau la dormeuse.

Combien elle lui sembla plus belle!... Le soleil l'éclairait en plein, et Bembo pensa que jamais le soleil n'avait éclairé front plus candide ni plus ravissant visage.

Il soupira bien douloureusement en songeant que tant de beauté s'alliait à tant de honte.

Puis il se dit que peut-être...

Il se dit cela, nous l'affirmons. Rien de plus, rien de moins.

C'était beaucoup. — Mais on ne se frotte pas au monde sans prendre quelque chose de son impitoyable malveillance. Bembo haussa les épaules et rentra dans l'ombre de son corridor.

Ce *peut-être* qu'il avait hasardé lui faisait honte. De fait, pas un dandy de la *Loge infernale* ne l'eût hasardé à sa place, et le vicomte de Lantures-Luces en eût ri de bon cœur. — Nous parlons sérieusement.

Nous ne saurions trop dire comment cela se fit, mais, trois minutes après, Bembo était de retour à la fenêtre et regardait la dormeuse de tous ses yeux.

Le fameux *peut-être* était positivement distancé. On ne songeait plus au peut-être ; il n'y avait plus de peut-être. Mais Lantures-Luces, cette fois, se fût, sur notre honneur, pâmé de rire. Bembo, qui se reprochait tout à l'heure d'avoir douté, voguait maintenant en pleine certitude.

Et sa certitude était, le croirait-on? tout en faveur de la charmante dormeuse. Il aurait rompu des lances pour elle, il aurait juré sur sa tête...

Pourquoi? Pour rien. Bembo était tout jeune.

Ceux qui seraient tentés de prendre en pitié le cavalier Angelo Bembo, sont instamment priés de garder leur compassion pour une occasion meilleure.

La dormeuse semblait tourmentée dans son sommeil. Deux ou trois fois elle étendit au devant d'elle deux petites mains blanches d'un ravissant modèle, comme pour repousser un invisible ennemi. — C'étaient peut-être les rayons du soleil tombant sur son visage qui l'agitaient ainsi, et cependant, même à cette distance, on pouvait voir sur ses jolis traits pâlis une expression de fatigue et de détresse.

Angelo pensa que parfois des jeunes filles sont violemment ravies à leurs parens et livrées, pour de l'or, à la merci de quelques débauchés pervers.

Pour le coup, cette hypothèse dépassait toutes bornes permises. C'était de la poésie, du roman à la façon de Richardson, du nocturne à deux voix avec accompagnement de guitare...

La dormeuse, cependant, s'agita encore durant quelques secondes, puis elle s'éveilla en sursaut. Lorsque ses paupières se soulevèrent, ce furent les doux yeux d'Anna MacFarlane qui brillèrent à la lumière du soleil.

Elle sourit à son réveil, comme font tous les enfans, et mit ses deux mains devant ses yeux, que blessaient les rayons trop ardens de la lumière. Ce geste fut mignon et gracieux ; Bembo eut un sourire en le remarquant. Il se crut en même temps obligé de reconnaître que jamais il n'avait rien vu de charmant comme ces deux petites mains, s'efforçant de voiler ce jeune et candide visage.

Anna, nous avons à peine besoin de le dire au lecteur, était là par les soins de Bob Lantern, soudoyé par l'intendant Paterson, et le *lord's-corner* appartenait à Sa Seigneurie le comte de White-Manor.

Il y avait deux jours déjà qu'elle s'était éveillée un matin, la pauvre douce enfant, dans cette chambre inconnue, des fenêtres de laquelle on ne voyait rien, sinon la toiture en terrasse d'Irish-House et les branches noires de quelques arbres dépouillés; il y avait deux jours qu'elle n'avait vu Clary, sa sœur tant aimée, deux jours qu'elle n'avait vu Stephen. La pièce où elle se trouvait était belle, ornée de grandes glaces et de beaux tableaux aux cadres dorés. Son lit avait des tentures de soie, dont les miroitans reflets éblouissaient la vue. Sur les sofas on voyait d'opulentes étoffes de robes, sur la toilette des joyaux de haut prix.

Mais la pauvre Anna ne jetait sur toutes ces précieuses choses que des regards désolés. Elle avait peur. Les femmes qui la servaient lui faisaient frayeur, et lorsque ces femmes étaient absentes, elle s'effrayait davantage encore de sa solitude.

Elle avait bien pleuré depuis deux jours en songeant à Clary et à Stephen.

Du reste, elle ignorait encore dans quel but on l'avait enlevée. Personne autre que les deux femmes qui la servaient n'avait pénétré dans sa chambre.

La nuit, elle n'osait point s'étendre dans ce vaste lit à colonnes sculptées, dont la ruelle était occupée par une glace, où sa propre image, réfléchie, avait glacé d'épouvante la craintive enfant la première fois qu'elle s'en était approchée. Cet instinct précieux de défense que la nature met au cœur des femmes l'avertissait que, debout, elle était moins exposée au danger inconnnu qui la menaçait.

Elle dormait sur le fauteuil où Bembo venait de l'apercevoir. C'était sa couche.

Que les nuits lui semblaient longues ! c'était alors qu'elle frissonnait, la pauvre fille, au moindre bruit du vent frôlant les fenêtres ; c'était alors qu'elle croyait voir, à la lueur vacillante de sa lampe, les boiseries se mouvoir lentement, les portes closes glisser sur leurs gonds et les rideaux du lit solitaire agiter les plis abondans de leurs draperies immobiles.

Elle appelait Clary, Clary et Stephen.

Hélas! Stephen la cherchait, mais c'était en cherchant Clary. — Et Clary, la noble fille, courbée sous la main de pierre d'un démon sans cœur et sans pitié, Clary se mourait assassinée.

Assassinée lentement, peu à peu. On la tuait à loisir. Elle buvait par petites gorgées la coupe amère du martyre. Un vampire était sur elle qui l'étreignait et suçait son jeune sang goutte à goutte...

Anna priait, confondant ses deux amours en sa naïve oraison et envoyant à Dieu les noms unis de sa sœur et de Stephen. La prière la consolait et la soutenait ; elle serait morte sans la prière.

En s'éveillant, ce matin, elle fut bien joyeuse : le soleil venait ainsi la visiter le matin des beaux jours dans Cornhill ; elle se crut dans sa petite chambre, et se dit qu'elle avait fait un horrible rêve.

Cela dura tant que sa main blanche couvrit ses jolis yeux comme un bandeau.

Puis le cavalier Angelo Bembo, qui la dévorait du regard, la vit tout-à-coup tressaillir et se lever avec effroi. Elle venait de rentrer dans la réalité.—Clary n'était point là ; sur sa tête appuyée ne se croisaient point les blancs rideaux de sa couchette. Ce rêve qu'elle avait fait, ce rêve affreux, c'était la vérité.

— Oh! mon Dieu, mon Dieu! murmura-t-elle en se laissant tomber sur ses genoux, n'enverrez-vous point Stephen à mon secours?

Angelo Bembo sentit ses yeux devenir humides.

Anna demeura long-temps à genoux. Faible fille qui n'avait vu la vie que comme une succession de jours calmes, sourians, heureux, elle ne savait rien contre le malheur, et se courbait, brisée, au premier souffle de la souffrance.

Depuis ce matin-là, le cavalier Angelo Bembo vint bien souvent s'accouder sur l'appui de la fenêtre basse. Rêveur et poète, et offrant dans sa nature chevaleresque quelques teintes affaiblies du multiple et fier caractère de Rio-Santo lui-même, Bembo n'avait point de bouclier contre ces impressions soudaines qui entrent au cœur à l'improviste. Il n'avait point aimé encore selon son âme, et ces liaisons passagère où sa beauté physique et son brillant esprit l'avaient entraîné dans les salons du West-End, avaient été pour lui un passe-temps, ou moins que cela : un appendice à sa toilette, un complément de tenue.

Car il est malséant, dans un certain monde, de rompre en visière aux coutumes établies et de se passer de maîtressse, — à moins qu'on ne soit l'heureux possesseur de quelque pur sang tellement hors ligne, qu'on puisse raisonnablement concentrer en lui seul toutes ses affections.

Or, Bembo n'était pas positivement un sportman, bien qu'il fût un écuyer modèle. Il s'était donc vu forcer de filer une demi-douzaine de vaudevilles avec un nombre égal de blondes patronesses d'Almack, lesquelles, en leur vie, filent autant de vaudevilles qu'elles ont de cheveux blonds dans leur gracieuse coiffure. Ces passions convenues, ces romans sus par cœur d'avance, l'avaient amusé ou ennuyé, nous n'en savons trop rien.

Son cœur s'était pris pourtant une fois ou

deux, parce que son cœur avait bonne envie de se prendre. Mais Bembo était un cavalier de tact. Il avait senti bien vite le ridicule de de sa conduite. En vérité, nous le disons, de même qu'il n'y a, pour pleurer aux drames de Shakspeare que les filles rougeaudes des petits merciers du Borough, de même il n'y a que l'héritier endimanché de quelque squire campagnard pour prendre au sérieux nos amours de bonne compagnie.

Si l'on était méchant, on pourrait affirmer qu'après cent cinquante intrigues nouées et dénouées de manière ou d'autre, l'âme d'une grande lady est toujours pure et virginale comme devant. Ce n'est pas avec l'âme que pèchent Leurs Seigneuries.

Bembo savait cela, bien qu'il ne fût guère philosophe et que son esprit délicat n'eût aucune tendance vers la satire. — Aussi, ne trouvant point où placer son cœur avide d'aimer et n'ayant point de cheval au sabot duquel il pût mettre sa tendresse, il s'était donné entier au dévoûment, et ne connaissait rien en ce monde, sinon don José, son ami et son maître. —

Mais ce ne pouvait être là son dernier mot. Il était jeune et n'avait point de parti pris contre les femmes : son esprit fin et choisi le rendait incapable de tomber dans ce banal travers.

Il était indifférent, voilà tout, indifférent comme le fils de Thésée et mille autres sujets de la fable et de l'histoire. Il attendait son Aricie.

Ce matin-là, il commença d'être amoureux ; pendant les jours suivans il continua, jusqu'à ce qu'il fut bel et bien épris. Sa situation s'y prêtait merveilleusement ; il était triste et il était seul.

Ceci, pour beaucoup de lecteurs, diminuera le mérite de la longue veille du cavalier Bembo ; une seconde de réflexion suffira pour les ramener à un sentiment moins sévère. Certes, la présence d'Anna si près de lui abrégea souvent ses heures de solitude ; mais à l'âge d'Angelo on est entreprenant ; il y a plaisir à renverser les obstacles; Angelo, était d'ailleurs fils de ces heureux climats où l'escalade et les échelles de soie sont des vérités. Pourtant il demeurait à son poste.

C'était donc un sacrifice de plus, et son rôle y gagnait manifestement.

Un matin, Bembo vit quelque chose d'étrange. Le jour n'était pas encore bien dégagé des dernières ombres du crépuscule ; Anna dormait dans un fauteuil. Une porte s'ouvrit au fond de la chambre et deux hommes entrèrent. L'un d'eux tenait un bougeoir, l'autre, tout enveloppé dans un chaud carrick à fourrures, suivait d'un pas indolent.

On juge si Bembo ouvrit de grands yeux.

Le premier des deux nouveau-venus s'avança doucement et fit un geste de surprise en voyant Anna dans le fauteuil. Il la croyait, sans doute, au lit, et son visage, tandis qu'il se tournait vers son compagnon en souriant obséquieusement, exprimait à peu près ceci :

— Elle dort... peu importe que ce soit dans un fauteuil.

L'homme au carrick ne daigna point répondre, et l'autre, qui semblait être quelque chose comme son valet, sinon pis que cela, bien qu'il ne portât pas de livrée, haussa le flambeau pour faire tomber la lumière sur le visage d'Anna endormie.

Bembo ne perdait pas un geste de ces deux hommes, dont l'un s'appelait Gilbert Paterson, et l'autre Godfrey de Lancester, comte de White-Manor.

V

PAR LA FENÊTRE.

Le cavalier Angelo Bembo regardait de tous ses yeux, et sentait bouillir son sang dans ses veines en songeant au dessein probable de ces deux hommes qui violaient clandestinement la retraite de sa jeune fille.

Car elle était à lui.—Du moins c'était l'avis du cavalier Angelo Bembo.

Le comte, cependant, s'était arrêté, immobile, à trois ou quatre pas d'Anna, et tandis que Paterson parlait en gesticulant avec une certaine emphase, White-Manor promenait lentement son regard éteint tout autour de la chambre.

Bembo n'eut pas de peine à interpréter cette scène : évidemment, le valet vantait les charmes infinis de la jeune fille, acquisition nouvelle, sans doute, tandis que le pacha, — nous voulons dire le lord, — faisait des réflexions mélancoliques sur la fragilité des voluptés humaines.

Angelo avait un désir passionné de lui briser le crâne.

Du reste, il ne le reconnaissait point.

Quand Gilbert Paterson eut terminé son éloquente tirade, le comte poussa un long soupir et secoua la tête en disant :

— Je voudrais qu'il y eût à chacune de ces fenêtres huit bons barreaux de fer...

— Oserai-je demander à Votre Seigneurie?... commença Paterson étonné.

— Quatre en travers et quatre debout, poursuivit le lord ; — et je voudrais, Gilbert, tenir ici, au lieu de cette petite sotte, le fils de mon père qui, par le nom de Dieu ! n'en sortirait pas avant le jour de sa mort !

Le comte prononça ces derniers mots avec une effrayante énergie. Ses yeux mornes s'allumèrent tout-à-coup pour lancer un éclair sinistre.

Paterson courba la tête.

— Encore ce diable de Brian ! grommela-t-il ; — milord ne sort pas de là !

— Mais le jour vient ! s'écria tout-à-coup White-Manor ; — si bien déguisé que je sois, je sais un démon qui me reconnaîtrait d'un coup d'œil... Viens !... viens, Gilbert... Brian de Lancester me guette peut-être au passage

pour me percer le cœur d'un coup de langue...
Je ne suis pas en sûreté ici.

Le comte était pâle et frissonnait.

— Oh ! j'en mourrai, je le sens ! poursuivit-il d'une voix étouffée ; — et il sera comte de White-Manor.

Ce dernier mot donne la mesure exacte de la haine qui devait emplir le cœur de White-Manor.

Brian était son héritier légal.

Le comte se dirigea vers la porte.

— Mais regardez-la, au moins, milord ! dit Paterson désespéré ; — voyez quelles mains, quels cheveux!... Y a-t-il au monde une plus jolie taille que celle-là! y a-t-il des sourcils mieux arqués, un teint plus blanc, un front plus pur?...

Les marchands d'esclaves qui fournissent le harem doivent être de bien grands poètes!

Le comte revint machinalement vers Anna endormie, mit le lorgnon à l'œil et contempla un instant avec la froideur stupide d'un eunuque de cent ans la ravissante enfant qui posait devant lui. Son lorgnon glissa d'un pied charmant à une ceinture mignonne, de la ceinture à la gorge, de la gorge aux cheveux, puis son lorgnon retomba.

— Je la trouve passable, murmura-t-il avec

lassitude; — une autre fois, maître Gilbert...
je reviendrai.

Le lord et son intendant sortirent.

Angelo Bembo était plus mort que vif. Il
étouffait. Le départ de ces deux intrus soulagea sa poitrine d'un poids écrasant.

Il s'avoua depuis que jamais objet ne lui
avait semblé plus effrayant, plus hideux, plus
haïssable que le lorgnon de l'homme au carrick bordé de fourrures.

Son imagination bâtit incontinent des plans
superbes pour délivrer la pauvre recluse; —
car il n'y avait plus à en douter, la charmante
dormeuse du *lord's-corner* était là contre son

gré; on la tenait prisonnière; elle était victime de quelque machination infernale.

Mais Rio-Santo...

Cette idée coupa court à tous projets de chevaleresques entreprises, et tomba comme un plomb sur l'ardeur du beau cavalier Angelo Bembo. — Le marquis, bien qu'il ne demandât point d'aide, avait par le fait besoin de lui, et il était au marquis avant d'être à la pauvre belle inconnue.

Qu'elle lui parut plus touchante encore que d'ordinaire, lorsque, ce matin-là, dès son réveil, elle se mit à genoux pour faire sa prière de chaque jour ! Le cavalier Bembo était bon catholique, et gardait soigneusement serrée

en un coin de son cœur cette foi ardente et
naïve de la croyante Italie, qui est au cago-
tisme anglais ce qu'une madone de Raphaël,
demi-nue et chaste pourtant, est au portrait
gelé de telle honorable mistress, moitié d'un
ministre, que le peintre a boutonnée jusqu'au
mentòn pour constater authentiquement sa
pudeur presbytérienne. Bembo, parmi sa vie
aventureuse et frivole, avait conservé souvenir des enseignemens de sa mère; il savait
encore prier Dieu et la Vierge en ce beau langage italien qu'on croirait fait uniquement
pour le ciel. — En voyant Anna prosternée,
il se sentit joyeux, parce qu'il crut en la protection divine, et il se dit que tout à l'heure
quelque bon ange avait veillé sur la jeune fille
endormie.

Hélas! la pauvre recluse avait grand besoin d'un bon ange pour veiller sur elle en effet. White-Manor avait dit : Un autre fois! De lui-même, il n'eût certes point songé à mettre ce vague projet à exécution, mais près de lui était Gilbert Paterson ; la sangsue ne peut vivre que de sang corrompu : il faut aux intendans des maîtres vicieux.

Paterson circonvint si adroitement le comte, que celui-ci oublia pour un instant son idée fixe. Ses passions assoupies s'éveillèrent, sollicitées par les habiles peintures de l'intendant. Il se souvint d'Anna endormie, et ce souvenir fut charmant.

Aussi, la nuit suivante, tourmenté par son insomnie chronique, il fit atteler et se rendit dans Belgrave-Lane. Le jour commençait à poindre lorsqu'il franchit le seuil du *lord's-corner.* — C'était ce même matin et à peu près au moment où nous avons retrouvé le marquis de Rio-Santo assis au chevet d'Angus Mac-Farlane.

Anna venait de s'endormir et rêvait peut-être, — et rêvait sans doute, — de Stephen ou de Clary, ou de tous les deux.

Le cavalier Angelo Bembo venait au contraire de s'éveiller, et quittait, meurtri, la natte étendue devant la porte de la chambre d'Angus, où il avait coutume de prendre de temps à autre de courts instants de repos.

Il mit son œil à la serrure. Le malade était

immobile dans son lit et Rio-Santo immobile dans son fauteuil. Rien n'annonçait une crise.

Bembo s'en alla vers la fenêtre. Il était un peu sentinelle aussi de ce côté, car il avait fait dessein de protéger de son mieux la pauvre prisonnière.

Le moment était venu. — A l'instant où il appuyait ses coudes sur la barre de la fenêtre basse, Bembo vit, comme l'autre fois, une porte s'ouvrir au fond de la chambre de la recluse et deux hommes entrer. C'étaient les mêmes hommes : le valet et le maître.

Paterson, sans mot dire, tira les rideaux du lit et releva la couverture.

Puis il s'approcha d'Anna endormie comme s'il eût voulu la prendre dans ses bras et l'enlever.

Bembo avait sur le front de grosses gouttes de sueur froide.

Mais le comte fit un geste et Paterson sortit après avoir salué respectueusement.

Le comte, au lieu de s'avancer vers la jeune fille, se baissa et ramassa un papier qui venait de tomber des couvertures mêmes du lit.

Ce geste ne rassura nullement Bembo dont la tête fermentait furieusement. — Le sacrifice allait être consommé; une minute de retard rendrait toute protection inefficace.

Bembo pressa son front entre ses mains. Un irrésistible mouvement le poussait vers cette maison maudite où un crime infâme allait s'accomplir, mais l'idée d'abandonner le marquis, ne fût-ce qu'un instant, l'arrêtait. La veille, en effet, il avait cru voir Rio-Santo faiblir dans sa dernière lutte avec le malade, et il savait que jamais sa présence n'avait été plus nécessaire.

Il revint vers la porte et plaça de nouveau son œil à la serrure. — Le marquis et le fiévreux étaient tous deux immobiles.

Ceci fut un grand malheur. Si Bembo, en effet, fût demeuré un instant de plus à la fenêtre, il n'eût point jugé nécessaire d'abandonner sa faction.

Voici ce qui se passa dans la chambre du *coin du lord*.

Le comte s'était assis auprès de la table qui supportait la lampe. Il avait placé sur la table le papier tombé du lit et n'y songeait plus déjà. Il contemplait Anna endormie et la trouvait belle.

— Je voudrais quelqu'un pour m'aimer, pensa-t-il tout haut au bout de quelques secondes.

Puis il reprit avec une amertume étrange :

— Quelqu'un pour m'aimer... moi!... Je suis riche et puissant... J'ai été jeune ; on me disait beau... et qui donc m'a aimé jamais?... La seule femme que j'aie aimée, moi, — et je l'adorais ! — la femme à qui j'avais donné mon nom, mon cœur, tout !... cette femme-là ne m'aimait pas et me trompait... Un jour, penché sur le berceau de l'enfant que j'appelais ma fille... et qu'elle était belle, ma fille !... je pus penser qu'un autre !... Oh ! je chassai la mère, et je chassai l'enfant... J'eus raison !... e fis bien !... Aujourd'hui je ferais de même !

Il s'arrêta, et un sourire cruel vint crisper sa lèvre.

— Il y a seize ans de cela, reprit-il ; elle a dû bien souffrir, car j'avais donné l'enfant à un homme sans pitié... Il se sera mis comme un mur d'airain entre la mère et la fille. Tant mieux !... Tant mieux, si elle est morte dans les larmes !... Tant mieux si elle vit encore pour pleurer et souffrir !

Le visage rouge et sanguin de White-Manor exprimait une cruauté sans bornes.

Tout-à-coup son regard s'adoucit en tombant sur Anna qui souriait à un rêve.

— Elle était ainsi, murmura-t-il, belle et heureuse, lorsque je la vis pour la première fois... Je l'enlevai... N'enlève-t-on pas tous les jours la femme qu'on aime, et n'était-ce pas miséricorde que d'offrir ma main à la fille d'un petit laird d'Ecosse... Elle ne m'aima pas, pourtant... Elle aimait un misérable Irlandais ! un mendiant catholique... Ah ! je n'ai jamais pu tenir cet homme sous mes pieds

et l'écraser comme un vil insecte qui gêne !...
Mais qu'importe tout cela ?... Il y a seize ans !...

Il se leva brusquement.

—Allons ! s'écria-t-il en se versant un plein verre de blond sherry, dont Gilbert Paterson avait mis un flacon sur la table. — Allons, oublions le passé et le présent pendant une heure... Cette fille est belle... et, par le nom de Dieu, mon frère n'aura pas du moins le pouvoir de me l'enlever !

Il replaça bruyamment le verre sur la table.

Anna s'éveilla en sursaut et faillit mourir de frayeur.

Mais le comte n'était déjà plus à craindre pour elle. En remettant le verre sur la table, le papier tombé des couvertures du lit avait frappé ses yeux. Il l'ouvrit machinalement et devint plus pâle qu'un linceul.

Ses dents claquèrent, sa figure se contracta hideusement, et ses deux poings fermés menacèrent follement le vide.

— Encore lui! râla-t-il avec effort; — toujours lui!

Le papier contenait quelques mots tracés au crayon que nous transcrivons ici :

« Courage, milord mon frère; je veille sur
» vos amours.

» Brian de Lancester. »

Nous savons que, depuis huit jours, Brian avait autre chose à faire qu'à tourmenter le comte, mais il y avait bien long-temps que ce dernier n'avait utilisé sa mystérieuse retraite du *lord's-corner*. Le billet était là peut-être depuis plus d'un an.—Un piége à loup n'est-il pas tendu pendant des mois dans la forêt avant de faire son office?...

Mais ce ne fut pas ainsi que l'entendit le comte. Il avait de son frère une si mortelle frayeur! Il crut que Brian, invisible, le guettait, l'attendait au passage pour dévoiler ses hontes et le couvrir d'outrages!

Il crut que ses valets le trahissaient, que Paterson le trahissait, qu'il était entouré de dangers et d'ennemis.

Il retomba épuisé sur son siége.

Anna terrifiée n'osait point bouger, et attachait sur le comte ses yeux grand-ouverts par l'épouvante, comme les pauvres oiseaux, immobilisés par la prunelle fascinatrice d'un serpent.

Elle n'avait même plus la force de prier.

Le comte, lui, froissait le papier avec rage, murmurait des mots confus, et menaçait vainement l'ennemi qu'il ne pouvait atteidre.

Au bout d'une minute, il appela Paterson d'une voix tonnante.

Anna se fit petite sur son fauteuil, la pauvre enfant. — Paterson parut.

— Approche ici! dit le comte qui saisit par le goulot son flacon de sherry.

Le flacon était en cristal taillé ; ce pouvait être une arme redoutable.

Paterson lut son destin dans l'œil sanglant de son maître. Au lieu d'avancer, il recula vivement. Au moment où il repassait le seuil, le flacon de cristal siffla derrière son oreille et vint se briser en mille pièces à quelques pouces de sa tête sur le battant ouvert de la porte.

Anna ferma les yeux.

— Il y a encore le verre! pensa Gilbert Paterson, qui ne s'avisa point de rentrer; — mais Sa Seigneurie va tomber comme un bœuf égorgé dans trois secondes... Du diable si on peut savoir comment le prendre à présent !

Paterson ne se trompait pas. Lorsque Anna rouvrit les yeux, elle vit l'homme qui l'avait si fort épouvantée étendu sur le parquet et s'agitant en de faibles convulsions. Paterson et un groom essayaient de le soulever pour l'emporter dans sa voiture.

Le cavalier Angelo Bembo n'avait rien vu de tout cela. Après avoir reconnu que le marquis et son mystérieux malade reposaient tout les deux, il s'élança vers la partie supérieure de la maison où se trouvait son appartement, et chargea ses pistolets à la hâte. Cela lui prit quelques minutes. Avant de sortir, il voulut encore regarder dans la chambre où veillait Rio-Santo. Le marquis était maintenant debout et semblait regarder le fiévreux avec inquiétude. — Bembo se sentit fléchir dans sa résolution, car une crise approchait ; il connaissait les symptômes.

Mais l'image de la pauvre Anna vaincue passa devant son regard. Son sang brûla. Il se dit :

— J'aurai le temps.

Il descendit rapidement l'escalier. — Au moment où il franchissait les dernières marches, il aurait pu entendre la rauque voix d'Angus Mac-Farlane entonnant le premier couplet de ronde du laird de Killarwan.

C'était là un présage certain. La lutte allait commencer. — Angelo était dans le petit passage qui conduit à Belgrave-Lane.

Il gagna la rue en courant, et ce fut pour voir qu'un providentiel hasard avait rendu pour cette fois son intervention superflue.

La porte du *lord's-corner* était ouverte. Un carrosse sans armoiries stationnait devant le seuil. A l'instant où Bembo arrivait dans la rue, armé et résolu à pénétrer dans la *petite maison* de gré ou de force, il vit deux valets descendre le perron, portant dans leurs bras l'homme au carrick bordé de fourrures. Ce dernier ne donnait aucun signe de vie.

Les deux valets le hissèrent à grand'peine

dans l'équipage où l'un d'eux monta avec lui. Presque aussitôt les chevaux furent lancés au galop.

La porte du *lord's-corner* se referma.

Bembo reprit hâtivement le chemin de son poste. Son absence avait duré en tout quelques minutes.

Lorsqu'il rentra dans le corridor, il aperçut de loin le beau chien Lovely qui grattait à la porte du malade en poussant de plaintifs gémissemens. Un froid mortel prit le cœur de Bembo, qui gagna d'un bond la porte et y appliqua son oreille.

Il régnait à l'intérieur un complet silence.

Lovely gémissait et flairait l'air qui sortait par les jointures.

Bembo ouvrit la porte. — Ses quelques minutes d'absence avaient suffi pour rendre inutiles six longs jours de veille. Rio-Santo avait succombé.

Il y avait un quart d'heure environ que le cavalier Angelo Bembo était dans la position que nous avons décrite en l'une des pages qui précèdent, portant sur sa poitrine la tête alourdie du marquis et abîmé dans cette stupéfaction qui sauve les premiers élans de la douleur. Lovely, couché le long des flancs de son maître, avait mis son museau sur son épaule et le regardait.

Tout-à-coup le chien tressaillit brusquement et aboya. — En même temps, Bembo sentit sur le revers de sa main un souffle tiède, mais si faible!...

Rio-Santo vivait. Le cavalier Bembo baisa la main qui avait senti le souffle. Il était prêt à défaillir de joie. — Lovely, dressé sur ses quatre pattes tendues, regardait toujours son maître et gémissait doucement.

Lorsque Bembo voulut sentir encore ce bienheureux souffle qui venait de lui mettre à l'âme tant d'allégresse, Rio-Santo ne respirait plus. Bembo mit la main sur son cœur, le cœur ne battait plus.

— Il vit, mon Dieu! il vit! pensa le jeune

Maltais en se pressant le front ; mais il lui faudrait des secours... Tout de suite... Et comment faire ?

Bembo, même en ce moment suprême, n'osait pas introduire des valets dans un lieu dont Rio-Santo avait défendu l'entrée. Il essaya de soulever le corps, mais son émotion l'énervait ; il se sentit trop faible pour cette tâche.

Et pourtant il fallait agir.

Lovely, le noble et puissant animal, était là toujours. Le regard de Bembo tomba sur la gracieuse cambrure de ses reins vigoureux, et il n'hésita plus. — Il souleva Rio-Santo, dont il appuya les cuisses sur la croupe de

Lovely. Le poids ainsi partagé devint supportable, et le beau Lovely se prit à marcher doucement vers la porte, comme s'il eût compris l'importance du fardeau confié.

Une fois dehors, Bembo ferma la porte à double tour. — Les valets, appelés, accoururent.

—Qu'on aille chercher un médecin ! s'écria Bembo ; — un médecin sur-le-champ.

Les valets étaient trop habitués à voir d'étranges choses se passer dans Irish-House pour manifester leur étonnement ; mais le diable n'y perdit rien.

— Le docteur Moore est dans le cabinet de milord, répondit l'un deux.

Bembo fronça le sourcil. Le docteur Moore lui inspirait depuis long-temps une répulsion instinctive ; mais le moment était mal choisi pour hésiter, et, sur l'ordre de Bembo, le marquis, toujours sans mouvement, fut transporté dans son cabinet, où on l'étendit sur une ottomane.

Le docteur Moore était là en effet. — Quelques papiers dérangés sur le bureau et l'indolence affectée de Moore lui-même, assis d'un air ennuyé sur un fauteuil fort éloigné du bureau, auraient fait soupçonner à un observateur défiant qu'il venait de se livrer à quelque examen indiscret ; mais Bembo, dans son trouble, n'était point l'homme qu'il fallait pour faire de semblables remarques.

A la vue de Rio-Santo, qui avait tout l'aspect d'un cadavre, le docteur ne manifesta ni empressement ni surprise.

Il se leva, approcha son siége de l'ottomane et prit le bras du marquis pour lui tâter le pouls. — Ensuite, il palpa doucement le tour de son cou et pesa sur son estomac.

— Sortez ! dit-il aux valets qui attendaient, curieux et avides de savoir.

Les valets obéirent.

—Signore, reprit le docteur en s'adressant à Bembo, j'aime à être seul avec mes malades.

— Mais, monsieur le docteur !...

— Veuillez ne pas faire d'objection, signore !... Le temps presse... je pense que le temps presse beaucoup... Et je n'opère jamais que quand je suis seul.

— Au moins me direz-vous, s'écria Bembo, s'il reste quelque espoir !

— Je ne vous le dirai pas, signore.

Bembo eut un mouvement de violente colère ; mais il se contint et se dirigea vers la porte.

—Signore ! reprit le docteur au moment où Bembo passait le seuil.

Celui-ci se retourna.

— Emmenez ce chien, je vous prie, ajouta Moore ; il me gêne.

Bembo saisit Lovely par son collier et l'entraîna malgré la résistance du noble animal, qui regardait tour-à-tour son maître et le médecin en hurlant plaintivement.

On eût dit qu'il se défiait.

La porte se referma sur Bembo. Moore poussa le verrou et il se trouva seul en face de Rio-Santo évanoui.

VI

ARGOT.

Le docteur Moore revint s'asseoir auprès de l'ottomane où Rio-Santo gisait sans mouvement. Il souleva sa main, qui, subitement lâchée, retomba inerte, et rebondit deux fois sur l'élastique coussin.

Un sourire étrange, tout plein d'un triomphant orgueil, vint à la lèvre pâle du docteur.

Il se leva, croisa ses bras sur sa poitrine et regarda long-temps le marquis sans mot dire.

— C'est une belle créature ! murmura-t-il enfin ; — quand ce cœur bat, il y a bien de la puissance dans ce regard éteint et morne à présent... Combien de fois ne m'a-t-il pas fait baisser les yeux !...

Le docteur fronça le sourcil.

— Combien de fois, reprit-il avec amertume et colère, — ne m'a-t-il pas fallu courber le front sous son inflexible volonté !... Sans lui, je serais le premier parmi mes pairs ;

sans lui je tiendrais ce sceptre occulte et redoutable qui, mieux que la machine d'Archimède, pourrait remuer le monde, — puisqu'il domine Londres et que Londres est le centre de l'univers... Oui... cet homme me fait obstacle; sa supériorité m'écrase; je parais débile et misérable auprès de sa vigueur... et voilà qu'aujourd'hui cet homme que je déteste et qui m'opprime est à ma merci!... Pour le tuer, je n'aurais qu'à le laisser mourir!

Il sourit silencieusement, et, pour la seconde fois, son front rayonna un orgueil sinistre.

— Oui, milord, continua-t-il avec raillerie, vous êtes à moi. Il n'y a plus de Dieu pour vous. C'est moi qui suis votre Dieu...

Ma clémence, voilà désormais votre espoir unique... ma clémence !

Il haussa les épaules et fit quelques pas en se promenant dans la chambre.

— Je crois que je vais le laisser mourir ! dit-il au bout de quelques minutes, en s'arrêtant devant le corps inanimé du marquis.

Puis il ajouta durement :

—Entends-tu ? marquis, je te condamne !... Demain les lords de la nuit se réuniront pour choisir un nouveau chef. Edward, le fantastique Edward, le père de la grande famille... Edward ne sera plus qu'un cadavre... Son Honneur, comme l'appellent les soldats de notre immense armée, aura trois pieds de terre sur le corps... Et que c'est lourd, milord, trois pieds de terre! ajouta-t-il en ricanant... Oh! la maison Edward and C° ne mourra pas pour cela; Votre Seigneurie peut être tranquille. Elle aura toujours son comptoir dans Cornhill, ses mille dépôts dans Londres, et ses invalides dans les purgatoires de White-Chapel et de Saint-Gilles... Il y avait un Edward avant vous, milord, il y aura un Edward après vous... Edward, c'est le nom royal, comme autrefois Pharaon, en Egypte... Demain, marquis, ce sera moi qui m'appellerai Edward... Que vous en semble?

Il mit la main sur le cœur de Rio-Santo, et une ride plissa profondément la peau tendue de son front.

— Je croyais la strangulation plus complète que cela, reprit-il sans plus prononcer ses paroles, parce qu'il venait de découvrir que Rio-Santo était plein de vie ; — il faudra que le tue, si je veux qu'il meure... Dans dix minutes il va respirer... Le corps de cet homme est comme son âme, à l'épreuve... Je me suis trop pressé de triompher... Que faire?... Je me presse trop de craindre aussi ! voilà son cœur qui cesse de battre encore... Une organisation si parfaite ne meurt pas sans lutter... Mais elle meurt, en définitive...

Le docteur tira de sa poche une trousse de maroquin et y choisit un lancette acérée. Il trancha d'un coup de bistouri la manche de la robe de chambre du marquis et fit le geste de piquer sa veine.

— Il n'en faudrait pas davantage! murmura-t-il.

Mais l'instrument reprit place dans la trousse et le docteur s'assit, la tête entre ses deux mains.

— J'hésite à le sauver comme j'hésite à le perdre! pensa-t-il. Sa main est robuste... Qui sait si la mienne saurait tenir les rênes de ce fougueux attelage qui traîne notre fortune?... Et, après tout, le principal n'est-il pas de parvenir?

La lancette fut tirée une seconde fois de

de la trousse et soigneusement nettoyée. En touchant le chiffon de drap qui servait à l'essuyer, elle y laissa une trace rougeâtre, comme si elle eût été humectée d'un très violent corrosif.

— Et son secret, d'ailleurs! reprit encore Moore, dont l'œil s'alluma au feu d'un avide désir; — s'il meurt, qui me dira son secret!... Cet homme ne cherche pas ce que nous cherchons... il vise plus haut... si haut que mon imagination ne peut pas même rêver ce qu'il tâche d'atteindre... Et il l'atteindra, pourtant, car il n'est point d'obstacle que son talon ne puisse briser... Je veux savoir ce qu'il cherche, moi! poursuivit Moore en s'échauffant graduellement jusqu'à l'enthousiasme; — ce qui est notre but à nous n'est pour lui qu'un moyen ; nous nous arrêtons à son point de départ : nous cherchons l'or pour l'or, et lui... Par le ciel ! je connaîtrai sa pensée... Et alors, sa vie ne sera-t-elle pas toujours à moi comme elle l'est aujourd'hui ?... N'ai-je pas le temps ?... Fou que j'étais ! j'allais faire comme ces enfans stupides qui brisent leurs jouets pour savoir ce qu'ils recèlent... Le secret d'un mort est trop bien gardé : marquis, nous ajournons votre sentence.

On frappa doucement à la porte du cabinet.

— Ils sont bien pressés ! grommela le docteur.

— Au nom du ciel, monsieur, ayez pitié de

mon angoisse, dit à travers la porte la voix du cavalier Bembo; — j'attends!

— Attendez! répondit froidement M. Moore.

— Un mot, par grâce, un seul mot, monsieur!

Le docteur, au lieu de répliquer, cette fois, se dirigea à pas de loup vers la partie du cabinet opposée à la porte derrière laquelle attendait Bembo, et mit une petite clé dans la serrure d'une armoire.

— J'allais oublier le motif de ma visite, murmura-t-il; — ce sera bien le diable si M. le marquis ne peut pas m'attendre encore quelques minutes.

Avant d'aller plus loin, nous croyons opportun de dire ici au lecteur que l'immense association qui porte à Londres le nom de la *Famille* (1) (*the Family*) est constituée à peu de choses près comme la société qu'elle rançonne. Seulement elle est mieux constituée.

Il y a chez elle aussi le public, le gentry et la noblesse, — le peuple, les chevaliers et le sénat.

Il y a encore un chef, qui est roi, dans toute la magnificence du terme, roi comme une

---

(1) L'existence de cette étrange association, parfaitement connue de la police anglaise, est trop constante pour qu'il soit besoin d'en apporter des preuves. Nous faisons malheureusement ici l'histoire.

était Henri VIII ou Elisabeth de rogue mémoire, roi pour tout de bon.

Nous ne savons trop s'il est permis de donner l'ignoble nom d'*argot* à la langue convenue entre les divers membres de l'association. Ces membres sont, il est vrai, des voleurs, — mais ce sont de si hauts seigneurs que les bandits de Londres !

Toujours est-il que le langage de la *Famille* ressemble assez peu au langage de Shakspeare. Notre spirituel confrère et compatriote, M. Charles Dickens en a donné, dans plusieurs de ses charmans récits, de nombreux échantillons. Nos revues fashionables en sont si pleines depuis quelques temps, qu'on pourrait les croire exclusivement rédigées par des *swell-mobs* et des *swindlers* (1). Ainsi, les personnages de ces écrivains de bon ton ne disent plus : — Qui paiera la dépense? Ils *dégoisent* (*to chirp*) : — *Qui bouchera le trou* (2)? Un penny pour eux est un *meg*, six pence un *tannar*, un shelling un *bob*, une couronne un *bull*, un souverain un *coutter*, tout comme s'ils étaient des *smashers* (3) jurés, depuis leur plus tendre enfance.

Pour dire que leur héros a passé par la cour des débiteurs insolvables (4), ils ont

---

(1) Chevaliers d'industrie de différens degrés. Le *swindler* est le plus souvent un dandy.

(2) Argot : *To stump up*, boucher le trou, payer la dépense.

(3) Argot : Passeurs de fausse monnaie, sorte de courtiers aux gages de faux-monnayeurs.

(4) La *Cour des Insolvans* est établie dans l'intérêt des débiteurs malheureux, pour les protéger contre l'absurde rigueur

foule de périphrases positivement ravissantes. Celui-ci a subi une lessive à blanc (*white washing*) ; celui-là a passé à la manufacture de savon de Portugal (*Portugal soap manufactory*) ; un troisième a mis sur le vieil homme une chemise blanche (*clean shirt*).

Tout cela parce que la cour des débiteurs insolvables se trouve dans une rue qui a nom *Portugal-Street*.

Et aussi peut-être parce que tous ceux qui fréquentent cette cour, y compris les avocats

---

de la loi anglaise. — Quiconque se présente devant cette cour et affirme que son avoir ne dépasse pas deux guinées, est mis en quelque sorte hors la loi et à l'abri de toute poursuite. — On juge si la *loyauté* anglaise doit abuser de cette porte, ouverte à la fraude.

et les juges, auraient réellement besoin d'un lavabo universel.

Nous pensons que le lecteur trouve cela très charmant.

Est-on pendu ? cela s'appelle « partir par le coche de huit heures » (8 *o'clock coach*). L'expression est à coup sûr énergique et pittoresque au dernier point. Elle vient, dit-on, de ce que certain manant parvenu, passant dans sa voiture à l'angle de White-Hall, renversa l'éventaire d'une marchande d'oranges irlandaise, qui fumait paisiblement sa pipe en attendant le chaland. La marchande exaspérée remplit l'air de malédictions et dit entre autres choses :

— Dieu puisse-t-il permettre que je te voie emporté par la voiture de huit heures, misérable nabab!

L'histoire ajoute que quinze jours après, pour une chose ou pour une autre, le manant fut pendu.

Et au fait, sans cela, l'histoire n'aurait point de dénouement.

D'où il suit que l'histoire a raison.

Une chose terrible, c'est que nous n'avions nul besoin de relater ici toutes ces gentillesses, — tous ces *traits de mœurs,* comme on dirait de l'autre côté du détroit. Il est positif que le savon de Portugal, l'Irlandaise et sa pipe n'ont aucun rapport avec le sujet qui nous occupe.

Voilà le danger des transitions !

Ce que nous voulions dire se réduit à ceci : La *Famille*, à part les degrés particuliers d'une hiérarchie sans égale dans le monde entier, et compliquée jusqu'à l'infini, se compose de trois corps constitués : les *hommes*, les *gentlemen*, les *lords*. Il est probable que le titre de gentleman s'y acquiert par la force des choses ; celui de lord est soumis à une sorte d'élection.

Au dessus de tout cela est le *père*, que les *hommes* appellent *Son Honneur* ou désignent par un nom propre qui est sujet à changer, mais non point par la mort du titulaire. Ce nom est mis de temps à autre à la réforme comme un vieil habit. Vers 1811, Son Honneur s'appelait Jack, si bien que certains crurent avec quelque raison que c'était Jack Ketch (1) lui-même; plus tard, la dynastie des Edward commença. Des renseignemens sérieux nous permettent d'affirmer qu'en 1844 le *père* de la *Famille* est dans les ordres et possède plus d'un million de francs de bénéfices. Ses sujets le nomment le *Mandarin*.

Il est marié, du reste, selon la chair, à une respectable dame; son ménage est ex-

---

(1) Le bourreau de Londres.

cellent et il fait l'édification du clergé britannique.

En 183..., Edward régnait, plutôt par droit de conquête que par droit de naissance très probablement. La *Famille* fit sous son règne de redoutables progrès. On vola des diamans de la couronne, on commit des larcins héroïques.

Londres entier fut tenté de fermer ses poches à double tour; mais comme à Londres chaque industrie, — nous parlons des industries honnêtes et pouvant être pratiquées par un lord-maire, — consiste à pomper le contenu des poches voisines pour emplir la sienne, on vit bien que cette mesure amènerait une stagnation déplorable dans tous les genres de commerce.

Il se trouva qu'en ce temps *Son Honneur* était un homme taillé dans de tout autres proportions que ses bien-aimés sujets. Les lords de la nuit, son conseil privé, découvrirent avec stupéfaction un beau jour que leur chef n'était point un voleur.

C'eût été une rumeur étrange dans la *Famille*, si cette révélation fût descendue des lords aux gentilshommes et des gentilshommes aux simples goujats de l'armée. Saint-Gilles eût frémi jusqu'en ses fondemens de fange ; Field-Lane eût vu frémir l'une après l'autre toutes ses guenilles dérobées ; les chats écorchés (1) de Barbican auraient témoigné leur stupéfaction de quelque manière originale et surnaturelle qui est pour nous un secret, et le poisson rouge de la taverne de Shakspeare (2) eût, nous n'en pouvons point douter, remué sa queue empaillée avec l'énergie voulue par la circonstance.

---

(1) Au delà de Smithfield, on arrive par Long-Lane, à une rue habitée presque exclusivement par des Italiens qui font commerce de viande de chat. La loi anglaise ne peut rien, faut-il croire, contre ce singulier trafic qui se fait à la face du soleil.

(2) L'enseigne de Shakspeare se trouve dans Wych-Street, non loin du Strand. C'est un *rookery* (endroit fertile en gibier) bien connu des limiers de la police. On ne va jamais là qu'à coup sûr. — Avant 1840, l'enseigne portait un globe de verre contenant un oiseau et un poisson. Cette allégorie-avertissement faisait allusion à la prison, pour l'oiseau, et à la déportation (le poisson, personnification de l'Océan). Maintenant le globe de verre a disparu, mais le *spirit-shop* de Shakspeare existe encore et il existera tant que Londres aura des policemen et des voleurs.

Mais milords de la nuit étaient des scélérats discrets.

Ils avaient en outre une raison de se taire : c'est qu'en définitive ils ne savaient rien.

Rio-Santo était pour eux un problème, voilà tout. Ils avaient découvert qu'entre eux et lui se creusait un abîme. Il voyait plus loin qu'eux et plus haut; leur sordide ambition n'était point son ambition.— Où marchait-il?

Evidemment, Rio-Sonto s'appuyait sur eux comme sur un bâton de voyage; ils se voyaient être entre ses mains des instrumens vulgaires. — Quel était le but de sa course?

Nul ne pouvait le savoir, nul ne pouvait

seulement s'en douter, car Rio-Santo tenait le sceptre d'une main hautaine, et de lui au premier de ses sujets il y avait tous les degrés de son trône.

Il n'avait point de favori et point de confident. — En principe, il n'aurait dû être que le premier parmi ses pairs, mais sa vigoureuse volonté et les circonstances avaient donné à son pouvoir une extension exorbitante.

De roi constitutionnel, il s'était fait roi absolu.

Nous ne donnons point ceci pour une rareté.

Quelques uns, parmi les patriciens de la *Famille,* se préoccupaient assez peu de cet état de choses. Ils touchaient de magnifiques dividendes : leur but était atteint. Mais il y en avait d'autres, et parmi ceux-ci nous devons compter le docteur Moore et l'aveugle Tyrrel, qui n'acceptaient point aussi volontiers le fait accompli.

Tyrrel avait été chargé par le marquis de quelques missions secrètes qui avaient bouleversé son intelligence tant il avait travaillé pour en découvrir le pourquoi.

L'une de ces mission consistait à remettre cent livres sterling tous les mois à l'Honorable Brian de Lancester, lequel ne faisait à coup sûr point partie de l'association. — Tyrrel avait pu se convaincre d'ailleurs que Rio-Santo ne connaissait point particulièrement l'honorable frère cadet du comte de White-Manor.

Et il se creusait journellement la cervelle pour deviner le motif de cette munificence dont l'à-propos lui échappait. C'était en vain, et ce devait être en vain toujours, parce que les motifs du marquis étaient trop en dehors du cercle d'idées où gravitait d'ordinaire la pensée de Tyrrel, pour que ce dernier tombât par hasard sur la vérité.

Quant au docteur Moore, il avait plus de moyens pour soulever le voile. Rio-Santo l'avait admis, non pas à son intimité ou même à rien qui pût y ressembler, mais à une fréquence de rapports favorable à ses désirs curieux. Le docteur avait ses entrées à Irish-

House; il était le médecin de Marie Trevor, et jouait un peu, entre le marquis et son ténébreux sénat, le rôle que nos ministres jouent entre le roi et les chambres. Seulement, il n'aimait pas le marquis.

Mais on a vu des ministres n'aimer point leur roi de très grande passion, — et des rois mépriser de tout cœur leurs ministres.

C'était de plus en plus constitutionnel.

Malgré la fréquence des relations qui existaient entre Rio-Santo et Moore, le cœur du marquis était un livre clos pour le docteur. Moore, esprit subtil, audacieux, mais froid dans son audace, patient, hautain et sachant cacher sa hauteur sous l'obéissance, positif à l'excès, rompu au dol, avide plutôt qu'ambitieux, et capable d'entrer jusqu'au cou dans le crime sans s'émouvoir ou se passionner, ne ressemblait guère à l'aveugle Tyrrel, dont la nature, mauvaise aussi, puissante également, se mouvait par d'autres léviers et marchait avec d'autres allures ; mais il devait, comme Tyrrel, chercher les secrets de Rio-Santo dans une sphère trop restreinte ou trop basse ; il devait toiser le marquis à sa mesure, et le mépris systématique qu'il faisait de l'homme en général le rendait positivement incapable de pénétrer les desseins du marquis.

Quand un vaisseau poind en mer à l'horizon et que le matelot en vigie crie : Navire ! les passagers ouvrent de grands yeux et cherchent à voir. Ils ne voient rien. — Le navire approche. Les marins comptent ses mâts déjà et raisonnent sur son allure. — Les passagers cherchent encore et ne voient pas davantage. C'est qu'ils cherchent trop bas. Pour voir de loin, il faut regarder dans les nuages.

Moore regardait trop bas.

Il se figurait que Rio-Santo, dont il reconnaissait forcément la supériorité, visait à un but autre et plus grand que son but à lui, mais de la même nature, en somme. Ce but, il l'enviait et voulait le deviner pour s'en prévaloir, pour le faire sien, et profiter seul de cette conquête, qu'il entrevoyait, magnifique, et atteignant les dernières bornes de la convoitise humaine.

Le secret pénétré, il serait temps d'écarter Rio-Santo par ces moyens faciles et sûrs qu'un homme savant comme le docteur Moore a toujours à sa disposition.

Depuis six jours que Rio-Santo ne se montrait point, le désir inquiet de Moore s'était singulièrement accru; cette absence devait avoir de bien graves motifs et couvrir peut-être d'étranges menées.

Moore venait chaque jour à Irish-House. C'était en vain. Rio-Santo ne se montrait point.

Le docteur, néanmoins, ne perdit pas tout à fait son temps pendant ces six jours. Introduit dans le cabinet du marquis, il épia, fureta, viola le secret des cartons fermés et mit ses regards curieux dans plus de paperasses qu'il n'en faudrait pour composer vingt volumes. Mais ces papiers étaient, pour la plupart, écrits en chiffres, dont Moore n'avait point la clé. D'autres étaient couverts de caractères chinois et le docteur reconnut sur quelques uns l'idiome vulgaire de l'Affghanistan.

Pour le coup, c'était à en perdre l'esprit ! — Rio-Santo avait-il des lubies littéraires ? s'occupait-il de compiler une histoire générale des voyages ? ou bien entretenait-il dans la Chine et dans les Indes des agens chargés de dévaliser, pour son compte, les innocens naturels de ces deux riches pays ?

Cette idée parut la plus raisonnable au docteur, et Rio-Santo grandit dans son estime.

On peut savoir beaucoup de langues et ne point connaître à fond le chinois vulgaire et le patois populaire du Sindhy. Tout ce que Moore put reconnaître dans les nombreux documens parcourus à la hâte, c'est qu'une mystérieuse fermentation était fomentée au sein du céleste empire, par des agens inconnus, contre le commerce de l'opium, l'une des branches les plus lucratives du trafic trans-océanique de la compagnie des Indes, et qu'un esprit de révolte était soufflé dans les montagnes de l'Affghanistan.

Etait-ce de l'histoire contemporaine ou de

l'histoire ancienne, il ne sut point le deviner.

Un instant l'idée lui vint que Rio-Santo voulait monter quelque gigantesque entreprise commerciale ; mais cette idée ne tint pas contre la réflexion. Il n'y a point de commerce aussi lucratif que le vol pur et simple, puisque, à vrai dire, le commerce n'est qu'un vol frelaté.

En fin de compte, Moore dut s'avouer qu'il n'en savait pas beaucoup plus long que devant. Il se dit, pour se consoler, que, dans les tiroirs fermés à clés, il eût sans doute trouvé quelque révélation plus précise.

La chose n'était point impossible.

Quand il eut fouillé les cartons, il fouilla le cabinet lui-même, espérant découvrir quelque cachette. Du premier coup il crut avoir trouvé son fait. C'était le matin même de ce jour où recommence notre histoire.

Le lecteur peut se souvenir qu'au moment où le cavalier Angelo Bembo, de retour de son expédition chevaleresque, ouvrait la porte pour se précipiter au secours de Rio-Santo, un des lambris de la chambre d'Angus Mac-Farlane, qui venait de s'agiter et de laisser apercevoir le visage curieux du docteur Moore, se referma tout-à-coup.

Ce panneau donnait dans le cabinet du marquis. En l'ouvrant, Moore croyait avoir découvert une armoire secrète. Ce qu'il vit le jeta dans un extrême étonnement, et il n'en eut qu'un plus grand désir de voir mieux et davantage.

Ce fut dans la serrure de ce panneau qu'il mit une petite clé à l'instant où la voix suppliante du cavalier Angelo Bembo vint réclamer une consolante parole pour calmer son inquiétude.

Nous avons vu comment le docteur Moore lui répondit.

Il fit tourner doucement la petite clé dans la serrure et poussa sans bruit le panneau. Puis il avança la tête par l'ouverture, aussi timidement que la première fois et comme s'il eût craint de trouver derrière quelque menaçante apparition.

Mais la chambre du laird était silencieuse et vide ; on n'entendait même pas la respiration d'Angus Mac-Farlane, étouffée par les épais rideaux du lit.

Moore jeta un dernier regard sur Rio-Santo toujours immobile, et franchit le seuil.

Le premier objet qui le frappa en entrant fut le portrait suspendu entre les deux fenêtres. A son aspect, un étonnement extrême se peignit sur son visage. Il le contempla sous divers jours, fermant les yeux un instant pour les rouvrir ensuite et mieux voir. — A mesure qu'il regardait ainsi, un reste de doute, demeuré sur sa physionomie, s'évanouissait graduellement.

— C'est bien elle! murmura-t-il enfin ; et, sur ma parole, elle était bien faite pour tourner la tête de l'héritier présomptif d'un comte.... c'était une ravissante créature !... Oh! pardieu! j'ai beau vouloir douter, c'est bien elle !... Mais que fait ici le portrait de la comtesse de White-Manor ?...

VII

DÉLIRE.

Le docteur Moore resta encore quelques secondes plongé dans un singulier étonnement devant ce gracieux portrait de femme, vêtu à la mode de 1815, que nous avons décrit en l'un des précédens chapitres.

— Je n'y comprends rien ! murmura-t-il ensuite ; — le portrait de la comtesse de White-Manor ici !... chez Rio-Santo ! ceci tourne au fabuleux, au diabolique... et j'y renoncerai !... Je me souviens de cette jolie tache qu'elle avait au dessous de la lèvre... entre la lèvre et cette fossette mignonne que nos poètes lauréats affirmeraient avoir été creusée par la propre main des Grâces... Rio-Santo n'est ici que depuis un an... Il ne peut pourtant pas... Ma foi, je m'y perds !

Il pirouetta sur le talon et jeta en passant un regard distrait par la fenêtre.

— Hé ! hé ! hé ! fit-il en riant plus franchement que d'habitude : — le hasard est parfois souverainement spirituel !... Si je ne me trompe, voici de l'autre côté du lane le *free and easy* de White-Manor... le *lord's-corner.* Hé! hé! White-Manor était un fier séducteur dans son temps!... mais je jurerais que ce joli portrait n'a pas été fait pour Sa Seigneurie... et si son regard avait pu percer ce mur, hé! hé!... c'est drôle, sur ma parole!... je pense qu'il n'eût point péché là-bas, vis-à-vis, si souvent et de si bon cœur.

— Il jeta un dernier regard sur le portrait, fit encore un geste d'étonnement et se dirigea vers le lit.

— Ceci est un secret, se dit-il, et un secret de l'espèce la plus énigmatique assurément... Mais je ne m'attendais guère... et après tout que m'importe?... Oh! oh! ajouta-t-il, en s'arrêtant tout-à-coup à deux pas du lit ; — Il y a un homme !

Il venait d'apercevoir la jambe maigre et velue d'Angus Mac-Farlane, qui sortait à moitié des couvertures.

Le docteur était entré dans cette chambre avec une si ferme espérance de découvrir des choses étranges, impossibles à soupçonner, qu'il demeura une minute hésitant et comme saisi d'une puérile frayeur. Des idées folles traversèrent son cerveau surexcité. Il se sentit, lui si positif et si froid d'ordinaire, transporté tout-à-coup dans le monde inconnu de l'imagination.

Quel était l'homme étendu sur ce lit ?

Au premier aspect, ceci ne paraît point avoir de rapport direct avec l'objet des recherches du docteur. Mais il pensait être sur le rebord d'une trame circulaire, et chaque fil, selon lui, pouvait le conduire au centre.

Il s'approcha du lit sur la pointe des pieds et souleva le rideau avec une sorte de solennité.

Il semblait que derrière la draperie dût se trouver la révélation soudaine du secret convoité si ardemment.

Angus tournait le dos au jour. Il était jeté presque en travers du lit et son front touchait la muraille. — Sans doute son crâne, torréfié par la fièvre, avait été chercher là un peu de fraîcheur.

Moore ne pouvait donc voir son visage.

Un instant il interrompit ses investigations. L'instinct de médecin se mit en travers de sa curiosité. Il prit le bras d'Angus et lui tâta le pouls.

— Fièvre cérébrale ! murmura-t-il ; congestion imminente. Pourquoi m'a-t-on appelé si tard ?

Cette phrase consacrée lui échappa, tant est grande la force de l'habitude. Il l'accueillit au passage par un sourire.

— Mais personne ne m'a appelé ! reprit-il,

et je n'ai pas mission de sauver cet homme...
Je voudrais bien voir son visage !

Il mit un genou sur le lit et se guinda de façon à coller, lui aussi, sa tête au lambris. Dans cette position, il put voir les traits d'Angus. Son examen dura deux ou trois secondes.

— Je ne connais pas cet homme ! dit-il ensuite avec désappointement. Puis se ravisant tout-à-coup, il ajouta :

— Mais si fait !... je crois me souvenir... Il est bien changé !... C'est cet honnête paysan d'Ecosse que Rio-Santo nous amena une fois au conseil... Le laird... j'ai oublié son nom... le laird qui tient notre château de Crewe, eufin... Et pourquoi diable Rio-Santo le laisse-t-il mourir là comme un chien?... Ma foi, cela m'est égal.

Le docteur se releva et secoua la tête d'un air de mauvaise humeur.

—Fou, que je suis! murmura-t-il;—j'ai beau chercher, je ne trouverai point. Le secret de ce marquis d'enfer est dans son cerveau et non point autre part... J'ai rencontré çà et là quelques pages dépareillées du livre de sa conscience... Assez pour être sûr que sa vie ne fut qu'un long mystère ; trop peu pour deviner le premier mot de son secret... — C'est tout : le reste est en lui...

On entendit en ce moment la voix éloignée

de Bembo qui parlait encore à travers la porte extérieure du cabinet.

Moore ne se retourna même pas.

— Le signoretto est bien pressé! dit-il en riant. — Allons, je n'ai rien de mieux à faire que de le contenter. Remettons sur pied M. le marquis de Rio-Santo.

Comme il s'ébranlait pour rentrer dans le cabinet, le laird fit un mouvement. Il fallait bien peu de chose pour réveiller la curiosité déçue du docteur. Il resta.

Angus se retourna péniblement sur sa couche.

— L'eau me brûle! dit-il tout bas. —

Comme cette rivière de Londres bout! sa source est en enfer!... La lune de Londres est rouge... Il y a du feu partout.

— Cet homme se sauvera tout seul! murmura le docteur Moore avec une sorte de dépit médical, mauvais petit instinct, diminutif de passion méchante qui, par une des mille contradictions de notre nature, n'avait pu être étouffé par les grandes passions et les criminels instincts qui emplissaient l'âme du docteur. — La fièvre est un mal lunatique et bizarre. Quand on la combat, elle se raidit; quand on la laisse, elle s'éteint d'elle-même... Evidemment ce sauvage a dépassé la période mortelle... Demain, il sera en convalescence.

— Oh! si j'étais dans mes belles eaux du

Solway, reprit Angus, le brigand ne m'échapperait pas... Mais cette Tamise est chaude et lourde comme du plomb fondu... Ah! ah!... ah!... elles disparaissent... toutes deux!... toutes deux!...

Il enfonça son front dans la plume des oreillers.

Moore mit la main sur son pouls et l'y laissa durant près d'une minute.

— Une crise, pensa-t-il ; peut-être deux, et ce sera fini... Ces misérables Ecossais ont le cerveau si bien fêlé que la fièvre passe à travers les fissures...

— Selle mon cheval noir, Duncan de Leed!

s'écria le laird dont la voix devint tout-à-coup retentissante; — je vais passer l'eau et me rendre à Londres pour le tuer!

— Pour tuer qui? dit involontairement le docteur.

Angus s'était levé sur son séant et attachait sur lui, du fond de ses caves orbites, des yeux effrayans à voir. Mais Moore était médecin. Ce sauvage regard ne l'émut point.

— Mon cheval! mon cheval! répéta impérieusement le laird, qui mit ses pieds nus sur le tapis.

Moore le laissa faire.

Angus roula ses yeux comme pour chercher

aux alentours de son cerveau une idée enfuie.

— La voix des rêves ne peut pas mentir, reprit-il lentement, — et la loi de Dieu est sang pour sang, quoi qu'en disent les prêtres... Il me semble que j'ai vu Fergus O'Breane cette nuit... Pourquoi ne ne l'ai-je pas tué?... J'aurai de la peine à le tuer, à cause de ma sœur Mary... Mais je le tuerai.

Ses mains se posèrent familièrement sur les deux épaules du docteur qui ne parut point très enchanté de cette marque de confiance.

— Te l'ai-je dit, ami Duncan? reprit encore Angus avec une solennité pleine d'effroi; — lorsque je l'aperçois par la seconde vue, il a au milieu de la poitrine un trou rond et rouge... juste ce qu'il faut, Duncan, pour laisser passer la mort... Il est assis sur le gazon, au bord d'un chemin, — et bien pâle, Duncan de Leed!... pâle comme mon frère Mac-Nab assassiné par lui... Alors la voix des rêves perce la nuit et me dit à l'oreille : — C'est ton sang, le sang de tes veines qui vengera Mac-Nab!

— Mac-Nab! répéta le docteur en lui-même ; — je connais ce nom... Il me semble... eh! oui... ce jeune pédant que j'ai trouvé au chevet de Perceval... Stephen Mac-Nab... mais ces Ecossais n'ont jamais un nom en propre... Il y a peut-être tout un clan de Mac-Nab!...

— Qui donc m'a dit qu'il s'appelle maintenant Rio-Santo?... s'écria soudainement le laird ; — le marquis de Rio-Santo... Est-ce toi, Duncan ?

Moore avait tressailli au nom du marquis, et tendait les muscles de son ouïe.

— Ce n'est pas moi, murmura-t-il, espérant relier par cette réponse les idées fugaces du malade et l'entraîner en de moins obscures révélations.

— Rio-Santo ! répéta Angus ; — selle mon cheval Duncan de Leed ! selle mon bon cheval Billy !... je vais passer la frontière pour obéir à la voix des rêves.

— Et, s'il plaît à Votre Honneur, dit le docteur, en tâchant d'imiter l'accent et les formules d'Ecosse; — ce Rio-Santo est donc un assassin ?

Le laird retira ses deux mains appuyées sur les épaules du docteur et le considéra avec défiance.

— Ceux qui disent cela, répondit-il, en ont menti... Que me voulez-vous ?

L'œil du laird avait perdu son expression d'égarement. Il avait évidemment un instant lucide.

Mais cela dura peu. Il montra le poing au docteur, murmura une exclamation de colère et se replongea, tremblant de froid, entre ses couvertures.

— Comme la Tamise est froide, grommela-t-il en frisonnant ; — la lune est verte à Londres, et ses rayons glacent... Oh! si j'étais dans le Solway!

Puis il entonna d'une voix endormie :

> Le laird de Killarwan
> Avait deux filles ;
> Jamais n'en vit amant
> D'aussi gentilles
> Dans Glen-Girvan...

— Deux filles! ajouta-t-il en sanglotant tout bas ; — deux filles... Dieu ne veut pas qu'on ait deux filles!...

Le docteur Moore se pencha pour entendre le reste ; mais la voix du malade s'éteignit tout à fait en un murmure inintelligible.

Moore attendit encore durant quelques secondes ; puis il se frappa le front en disant :

— Et le marquis!... Sur ma parole, le marquis a eu le temps de mourir deux ou trois fois... Il faut se hâter.

Au moment où il se retournait pour gagner précipitamment le cabinet de Rio-Santo, il sentit la pression d'une main sur son bras, et regarda vivement en arrière croyant que le cavalier Bembo venait de le surprendre.

Mais à peine eut-il porté son regard sur l'homme dont la main serrait son bras, qu'il poussa un cri de terreur et chancela comme s'il eût été prêt à défaillir.

Une épouvante sans borne se peignit dans son regard. — Il voulut parler, mais son gosier, étranglé par la stupeur, refusa passage à tout son.

Enfin, ses genoux plièrent, et il tomba, prosterné, sur le tapis, dans l'attitude d'un vaincu qui prie et demande grâce.

VIII

LA SAIGNÉE.

L'homme qui avait surpris le docteur Moore en flagrant délit d'espionnage, l'homme qui l'avait surpris au moment où, désertant le chevet d'un malade confié, — d'un mourant !

—il se livrait à une sorte de visite domiciliaire, inexcusable par tout pays, mais inexcusable surtout dans les mœurs anglaises, où chaque maison habitée est un sanctuaire que la loi elle-même n'a pas le droit de violer, cet homme n'était ni le cavalier Angelo Bembo ni aucun des serviteurs du marquis.

C'était le dernier homme dont le docteur pût raisonnablement redouter la surveillance.

C'était le malade confié lui-même, — le mourant, — Rio-Santo en personne.

Le docteur Moore était trop véritablement un maître dans la science médicale, et méritait trop bien la première place que l'opinion publique lui décernait parmi les praticiens de Royal-College pour n'avoir point regardé comme possible, comme certain même le retour à la vie du marquis de Rio-Santo, à condition qu'on l'entourât à temps des soins convenables.

Mais ce qui le frappait de stupeur, c'était cette résurrection soudaine, spontanée, accomplie sans aide et sans secours.

Évidemment, dans son examen fait à la légère de l'état du marquis, il s'était trompé. Lui, si habile, si prudent d'ordinaire, il avait agi, dans une circonstance où sa propre vie était en jeu, avec l'étourderie d'un enfant. Ce qu'il avait pris pour un évanouissement produit par la strangulation presque parfaite, n'était que cette paralysie passagère qui prend souvent en pleine santé les gens qui font abus de leurs facultés cérébrales, paralysie dont l'aspect effraie, et qui, souvent répétée, mène à l'idiotisme ou à la mort, mais dont les premières atteintes sont aisées à combattre à l'aide des notions de la clinique la plus élémentaire.

Le marquis avait été sous le coup d'une congestion cérébrale; il y était encore.

Mais cette immobilité, cette mort de tout à l'heure, était un phénomène nerveux, compliqué sans doute d'accidens sanguins, dont la description précise et technique ne pourrait qu'effrayer ou ennuyer nos belles lectrices. — Tout écrivain se berce de la consolante idée qu'il est journellement dévoré par une très grande quantité de belles lectrices.

— Cette mort n'était qu'apparente : c'était une léthargie.

Le docteur mesura sa situation d'un coup d'œil et il s'humilia.

Il était sous la main de Rio-Santo, non seulement à cause de l'espionnage flagrant où le surprenait ce dernier, non seulement à cause de l'abandon déloyal où il l'avait laissé, mourant, mais parce que chacune des paroles qui s'étaient échappées de sa bouche, à lui, docteur Moore, avait été entendue par le marquis.

Il le savait et n'essayait même point d'espérer le contraire ; la léthargie et ses variétés laissent le complet exercice des sens et de la réflexion.

Mais, tandis qu'il s'humiliait ainsi, une résolution extrême surgissait parmi le trouble de ses pensées. Rio-Santo était devant lui et portait sur son visage les symptômes manifestes de cette désorganisation partielle du cerveau, dont les effets sont si divers.

Moore venait de deviner qu'il était muet.

Sa langue demeurait paralysée après le retour à la vie de toutes les autres parties de son corps. Il pensait lucidement ; son intelligence était en parfait état, mais les muscles de sa langue étaient momentanément frappés de mort.

Cet accident est de ceux qui se présentent tous les jours. Moore, dans sa longue pratique de la médecine, en avait rencontré d'innombrables exemples. — Il était sûr de son fait.

Or, Rio-Santo, privé momentanément de la parole et affaibli par le rude assaut dont il gardait les marques, était tout aussi bien au pouvoir du docteur que Rio-Santo, étendu sur l'ottomane.

Moore eut l'idée de le tuer.

Rio-Santo se tenait debout devant lui, l'œil fixe, le cou raide, et présentant plutôt l'aspect d'un fantôme que celui d'un homme. — La résistance qu'il opposerait serait sans doute bien faible et facile à surmonter. Quant aux obstacles du dehors, rien à craindre ! Rio-Santo ne pouvait appeler.

Celui-ci, comme s'il eût voulu confirmer les pronostics du docteur, releva la manche de sa robe de chambre, et, d'un geste significatif, montra la veine gonflée de son avant-bras.

— Vous voulez que je vous saigne, milord? demanda Moore.

Rio-Santo fit, avec énergie, un signe affirmatif.

Le docteur hésita. Quelque chose de sa résolution parut sans doute sur son visage, car Rio-Santo jeta instinctivement un regard vers le lit, comme pour voir s'il n'avait point de secours à espérer de ce côté.

La faiblesse du corps abat la force de l'âme. — Heureusement pour le marquis, Moore ne surprit point ce regard de détresse. Ce regard eût mis fin à ses doutes.

Mais Rio-Santo, si bas que fussent ses forces physiques, ne pouvait long-temps demeurer faible en face d'un danger. Il y avait en lui un trésor de sang-froid et de courage que tant d'épreuves successives n'avaient point épuisé. Il se redressa vite et haut, bien qu'il eût la conscience parfaite de l'impuissance actuelle de sa nature physique.

Tandis que Moore hésitait encore, il se sentit serrer de nouveau le bras. Cette pression fut lente et persistante. — C'était quelque chose comme un ordre donné d'une voix ferme, mais sans colère.

Moore tira sa trousse et l'ouvrit.

Certes, on ne peut se rejeter ici sur le pouvoir fascinateur de la physionomie du marquis, car, en ce moment, sa physionomie immobile exprimait une complète insensibilité. Ses muscles raidis étaient au repos. Ses yeux ternes et marbrés de veines violettes sortaient, grossis et comme étonnés, de leurs orbites gonflées. Sa bouche, convulsivement crispée, refusait de s'ouvrir ; tous ses traits, en un mot, avaient cette apparence stupide qu'amène après soi l'imminence de l'apoplexie.

Mais la volonté est aussi une puissance qui fascine et qui n'a besoin que de se manifester de manière ou d'autre, — lorsqu'elle est supérieure et forte, — pour dompter une résistance chancelante.

Et puis, n'y a-t-il pas l'habitude du respect et de l'obéissance qui peut balancer un mauvais vouloir de révolte ?

Le souvenir de la fière audace, brillant d'ordinaire sur le beau visage du marquis, vint s'interposer sans doute entre l'œil de Moore et ce masque inerte qui était devant lui maintenant. Il vit par la pensée ce regard flamboyer comme d'habitude, et menacer, et commander.

Il obéit.

Et, une fois le premier pas fait dans cette voie de soumission forcée, Moore redevint vassal. Il oublia toute pensée de révolte; il s'effraya d'en avoir pu concevoir.

Au moment où il approchait la lancette du bras de Rio-Santo, celui-ci lui arrêta la main et prit l'instrument qu'il approcha de ses yeux. — Ses yeux étaient troublés par le sang qui emplissait ses prunelles; il ne put voir ce qu'il voulait. Mais le docteur comprit, bien que le visage pétrifié du marquis ne pût servir de commentaire à son geste; il comprit et trembla, car ce geste lui disait plus clairement que tout le reste que Rio-Santo n'avait rien perdu de sa pantomime, alors qu'il avait essuyé cette même lancette sur son habit, dont le drap s'était instantanément rougi.

Il releva, lui aussi, sa manche sans mot dire et se piqua légèrement le bras.

Rio-Santo fit un signe d'approbation. — L'instant d'après, de sa veine ouverte s'élança un vigoureux jet de sang.

— Assez! dit Rio-Santo au bout de quelques secondes.

Le docteur tressaillit violemment au son de cette voix. Il releva son regard attaché sur la saignée avec une véritable terreur. Rio-Santo parlait. Rio-Santo était de nouveau l'homme redoutable devant qui tout pliait.

Moore venait de briser lui-même la chaîne qui garrottait la parole de cet homme, dont naguère il regardait l'impuissance en dédain. Il venait de lui rendre la faculté de commander, le pouvoir de punir.

Habile à réprimer ses impressions, il sut cacher sa crainte sous le voile du calme austère et impassible dont il couvrait d'ordinaire sa physionomie, mais il baissa involontairement les yeux devant Rio-Santo, dont le hautain regard avait repris vie, et dont le pâle visage recouvrait graduellement son expression accoutumée.

Cette transformation, dont on pouvait suivre les phases, ce changement à vue, eût ravi de joie une mère ou une amante, mais il devait faire naître dans l'âme ennemie du docteur Moore une terrible arrière-pensée.

Car ce cadavre, qui se redressait, était celui d'un maître, et d'un maître trahi.

Le sang coulait toujours. — Moore, absorbé par l'attention qu'il donnait au visage du marquis, dont chaque muscle reprenait tour-à-tour son expressive mobilité, ne songeait plus à la saignée.

— Assez ! monsieur, répéta Rio-Santo qui fronça le sourcil et porta la main à son cœur défaillant : — Voulez-vous donc encore m'assassiner ?

Moore ferma la saignée et croisa ses bras sur sa poitrine. — Il attendait son arrêt.

— Avancez-moi un fauteuil, dit Rio-Santo.

Moore se hâta d'obéir. Le marquis tomba pesamment sur le coussin et mit sa main sur ses yeux qui, affaiblis par les veilles, la crise et le sang perdu, se blessaient à l'éclat du grand jour.

Il demeura ainsi pendant trois ou quatre minutes.

Au bout de ce temps, il redressa la tête. Son front pâle avait décidément recouvré toute sa fière sérénité.

— Monsieur le docteur, dit-i sans affectation aucune, je vous remercie d'avoir violé le secret de cette retraite... Grâce à vous, je sais maintenant que ce pauvre malade n'est plus en danger de mort.

Il montrait Angus, endormi sur le lit. Moore s'inclina automatiquement.

— Je pense que je ne me trompe point, ajouta Rio-Santo. Vous avez dit que son état est désormais sans péril?

— Je l'ai dit, milord.

— Monsieur le docteur, reprit le marquis, je vous remercie d'avoir mis à nu devant moi le fond de votre âme, tandis que je gisais là-bas, mourant...

— Votre Seigneurie entendait ?...

— Parfaitement, monsieur... Vous êtes jaloux de moi... vous voulez mon secret...

—Ah! milord!.. voulut interrompre Moore, dont la voix prit des notes suppliantes.

— Ne priez pas, monsieur, interrompit Rio-Santo qui s'épuisait en parlant, mais dont le calme vainqueur contrastait grandement avec sa faiblesse.—Ne priez pas ; c'est inutile. Je ne vous veux point de mal... Seulement, votre jalousie est insensée, et mon secret est de ceux qu'on ne devine pas... Il est comme ces pages écrites en langues inconnues que vous avez trouvées dans mon cabinet et que vous avez essayé en vain de déchiffrer ; on aurait beau le tenir entre ses mains, il faudrait encore une clé pour le comprendre, — et cette clé, monsieur, Dieu, qui seul la donne, ne l'a point mise en vous.

Il y avait dans ces dernières paroles un mépris froid, absolu, sans bornes. L'orgueil de Moore se révolta sourdement au dedans de lui.

— Monsieur le docteur, reprit encore Rio-Santo, parlant toujours de cette voix lente et fatiguée qui donnerait de la froideur à une louange, mais qui ajoute à l'expression du dédain, — je vous remercie enfin, et surtout, de ne m'avoir pas assassiné.

Moore recula de deux pas. Ce mot le sangla

comme un coup de fouet au cœur. Il se crut perdu sans ressources.

Mais Rio-Santo continua :

— La mort m'eût été cruelle... bien cruelle ! Encore une fois, je ne vous veux point de mal... Mettez ce coussin sous mes pieds, monsieur le docteur.

Moore prit le coussin et le plaça sous les pieds du marquis.

— Excusez-moi, monsieur le docteur, poursuivit ce dernier, si j'abuse ainsi de votre complaisance... Allez ouvrir la porte extérieure de mon cabinet et dites à Ange... Vous avez parlé bien durement à ce pauvre enfant tout à l'heure, monsieur !.. Dites-lui que vous m'ayez sauvé la vie... Il vous pardonnera votre insolence. — Dites aussi à mes gens... Quelle heure est-il, monsieur le docteur ?

— Il est dix heures, milord.

— Dix heures, répéta Rio-Santo ; — le temps est précieux, mais la fatigue m'accable et il me faut au moins une demi-journée de repos... Dites à mes gens, monsieur, d'atteler pour quatre heures... Le cavalier Angelo Bembo m'accompagnera.

Le docteur demeura sans s'ébranler pendant une demi-minute, comme s'il eût attendu de nouveaux ordres, puis il se dirigea vers la porte.

— Quand vous aurez fait cela, monsieur le docteur, reprit Rio-Santo au moment où il s'éloignait,—vous reviendrez... J'ai quelques questions à vous faire.

Moore rentra dans le cabinet, qu'il traversa pour aller ouvrir la porte extérieure. En passant devant l'ottomane où il avait tenu Rio-Santo tout à l'heure, vaincu par le hasard, et si près de la mort qu'il était à peine besoin de le pousser pour l'y faire choir, le docteur haussa les épaules avec colère contre soi-même.

L'occasion était perdue.

Mais la haine de Moore, soudainement accrue par le fait même de sa trahison éventée, se promit revanche.

On dit que l'occasion ne vient pas deux fois. Ceci est bien vrai, mais importe peu aux gens habiles, parce que l'occasion qui ne vient pas, on peut la faire naître...

Moore ouvrit la porte extérieure du cabinet.

— Eh bien, monsieur, eh bien ? s'écria le cavalier Bembo.

— La vie de monsieur le marquis est hors de danger, signore, dit Moore qui saisit Lovely par le collier, pour l'empêcher de faire irruption dans l'appartement.

— Hors de danger ! répéta Bembo avec un communicatif élan de joie. — Je vous avais mal jugé, monsieur le docteur ; vous êtes un savant homme et un digne ami !... Je vous prie d'accepter mes excuses et de me croire tout à vous.

Le docteur s'inclina froidement et toucha la main que Bembo lui tendait.

— Signore, prononça-t-il tout bas et avec une expression équivoque, je n'ai pas fait tout ce que j'aurais voulu...

— Et ne puis-je voir don José? demanda Bembo.

— Pas à présent... Sa Seigneurie vous charge de faire atteler pour quatre heures et compte sur vous pour l'accompagner.

Bembo sauta de joie.

— Sortir ! sortir déjà ! s'écria-t-il ; mais c'est une résurrection ! Ah ! docteur, vous êtes un homme habile !

— Je l'ai pensé long-temps, répondit Moore en secouant la tête ; — mais croyez-moi, signore, le hasard est pour beaucoup dans les choses de ce monde...

Il salua et referma la porte.

Angelo se dit peut-être que le docteur était devenu bien modeste ; mais la joie l'affolait ; il se prit à courir vers les *mews* (écuries et remises), suivi de Lovely, qui comprenait sans doute, puisque lui aussi, oublieux de sa récente tristesse, gambadait et remplissait les galeries de ses aboiemens joyeux.

Moore, cependant, était revenu dans la chambre du laird.

Le bruit de ses pas réveilla Rio-Santo, qui commençait à s'assoupir dans son fauteuil.

— Voilà six jours que je n'ai rien fait, dit-il, rien vu, rien entendu... S'est-il passé quelque chose parmi vous, monsieur le docteur?

— On s'est étonné de votre longue absence, milord, mais vos fidèles n'ont pas eu de peine à faire taire les mécontens... Milord, je ne sais ce que vous pensez de moi, mais je vous le dis du fond du cœur : — Bien fous sont ceux qui essaient de vous combattre !...

Rio-Santo mit sur lui son regard profond et tranquille.

— Et vous êtes un homme sage, vous, monsieur le docteur! prononça-t-il avec simplicité.

— Chacun, en sa vie, a ses heures de démence, milord... Puisque nous parlons de moi, j'ai été doublement fou tout à l'heure... fou de vouloir vous tuer...

— Et fou de ne l'avoir point fait, interrompit Rio-Santo.

— Oui, milord, répondit le docteur ; — fou de ne l'avoir point fait.

Rio-Santo se retourna sur son fauteuil.

— C'est partie remise, monsieur, dit-il ; vous ne me pardonnerez point. — Moi, je n'ai pas le temps de m'occuper de vous... J'accepte votre aide comme par le passé ; je m'appuie sur vous pour un peu, et je le fais à coup sûr...

— Cette confiance, milord... commença le docteur Moore, qui sentit un instant l'envie de jouer au repentir.

— Confiance n'est pas le mot, interrompit don José. Ce que je voulais vous dire, c'est que, n'ayant point le loisir d'instruire votre procès, je vous écraserai désormais au moindre soupçon...

Le pied de Rio-Santo, repoussant violemment le coussin, tomba sur le tapis que son talon coupa.

— Veillez sur vous, monsieur ! acheva-t-il.

— Milord ! milord ! s'écria Moore avec une émotion hypocrite, — en un moment comme celui-ci, une seule parole de bonté m'eût fait votre esclave pour la vie !

L'œil de Rio-Santo ne perdit point son expression de calme supériorité, mais les muscles de sa bouche, involontairement contractés, firent mouvoir légèrement les pointes relevées de sa fine moustache noire.

Moore jeta son masque; il se vit percé à

jour jusqu'au fond de l'âme. Son front courbé se releva ; son sourire froid et cynique reparut à sa lèvre, et il dit sans plus se contraindre :

— Eh bien ! milord, je veillerai sur moi... Je vous servirai, tout en vous haïssant. Je ferai...

— Silence, monsieur ! interrompit encore Rio-Santo. Je sais tout cela. Vous ne risquez rien à me le dire et vous n'y gagnez rien non plus... Parlons de choses sérieuses, s'il vous plaît.

Moore sentit un flot de colère lui monter au cœur, en voyant le mépris absolu, complet, immense qu'on faisait de ses menaces comme de ses avances. Sa haine grandit encore, mais son respect s'accrut et une sorte de superstitieuse terreur s'empara de lui.

Rio-Santo lui sembla invulnérable.

— Un mot encore, pourtant, reprit celui-ci avec fatigue et d'un ton négligent ; — comme le hasard peut me livrer une seconde fois à vous sans défense et que vous pouvez d'ailleurs piquer à distance comme ces venimeux reptiles qui jettent leur salive à l'aventure, je veux vous dire un secret... Si vous m'eussiez tué ce matin, ce soir vous auriez dormi sur la paille de Newgate... Ne m'interrompez pas. Vous savez bien que je ne parle jamais à la légère... Il y a long-temps que je vous connais, docteur... Et entre vous et l'échafaud il n'y a que ma volonté depuis deux mois.

Moore tremblait, mais il voulut douter.

— Entre l'échafaud et moi, milord, dit-il en essayant vainement de mettre de la superbe dans son regard, — il y a un abîme que toute votre puissance ne saurait point combler.

— Ecoutez, monsieur, parler trop me lasse et j'ai des questions importantes à vous faire. Le lord haut-shérif a entre les mains un paquet cacheté où se trouve votre condamnation, — ne vous étonnez pas : je tiens ainsi plus ou moins tous les lords de la nuit, vos confrères... Sans cela, monsieur, il me faudrait mille vies !

— Mais que contient ce paquet ?

— Choisissez entre tous vos méfaits, docteur. Ce paquet contient la preuve de l'un d'eux ; — la preuve irrécusable.

— Mais pourquoi le haut-shérif ne l'a-t-il pas encore ouvert ?

— Il faut vous pardonner tant de questions. La chose vous intéresse de bien près, en effet, docteur, mais ma condescendance n'ira pas jusqu'à vous faire réponse. Ce paquet est une mine, monsieur ; la traînée de poudre existe, soyez sûr... et ma mort y mettrait le feu.

— Mais...

— C'en est assez. Laissons cela... Quelles nouvelles de miss Mary Trevor ?

IX

CHEZ PERCEVAL.

Le docteur Moore fut long-temps avant de répondre à la question de Rio-Santo. Ce que ce dernier venait de lui dire avait une couleur d'étrangeté romanesque qui soulevait les doutes du docteur, mais, d'un autre côté, il y avait si long-temps qu'il s'était écarté du droit chemin pour prendre ces routes tortueuses du crime au bout desquelles se trouve l'opulence ou l'échafaud ; il avait sur la conscience tant d'actes passibles des sanctions de la justice humaine, que la frayeur en lui combattait victorieusement le doute.

Il savait d'ailleurs que Rio-Santo entretenait des rapports, dont la nature échappait à chacun, avec tous les hauts fonctionnaires des Trois-Royaumes.

Le fait avancé par lui n'était donc pas impossible et cela suffisait.

De sorte que, soit que le fait fût vrai,

soit qu'il ne fût qu'un artifice inventé soudainement par le marquis, ce dernier avait réussi pleinement. Moore était désormais un assassin désarmé, un serpent privé de son venin.

Rio-Santo ne triomphait que fort modérément de cette victoire et gardait en son entier le calme de sa hautaine indifférence.

Au bout de quelques secondes, il répéta impérieusement sa question :

— Je vous ai demandé, monsieur, dit-il, quelles nouvelles vous avez à me donner de miss Mary Trevor ?

Moore secoua brusquement sa préoccupation.

— Milord, répondit-il, je n'ai point de solution certaine à donner à Votre Seigneurie ; hier, j'avais commencé un traitement qui, suivant toute apparence, aurait sauvé miss Mary Trevor, mais, dans la journée, une crise est survenue... une crise terrible, milord... Je dois essayer sur l'*autre*, avant de faire subir à miss Trevor un nouveau traitement en rapport avec sa situation nouvelle, et d'autant plus énergique que l'honorable héritière de lord James court un danger réel et prochain.

— Pauvre Mary ! murmura Rio-Santo, il faut que je la voie.

Non, milord... Miss Mary a grand besoin de repos... d'un repos absolu... cette dernière journée a été trop rude pour son organisation affaiblie...

— Que s'est-il donc passé, monsieur ? demanda vivement le marquis.

— Bien des choses, milord !... Et, quoi que puisse prétendre Votre Seigneurie, c'est grand dommage que ma charpie n'aie point touché la plaie de Perceval !...

— Ah ! dit Rio-Santo, il s'agit de Perceval !

— De Frank Perceval, oui, milord, qui se porte mieux que vous et aussi bien que moi... Mon Dieu ! un quart de pouce de plus, et Perceval serait couché maintenant dans la chapelle du château de Fife... C'eût été normal : de père en fils, tous ces gens-là meurent en duel... mais vous avez relevé le fer... vous avez été généreux... c'était le droit incontestable de Votre Seigneurie... maintenant...

— Monsieur, interrompit Rio-Santo, veuillez revenir au fait, je vous prie.

Moore avait insensiblement repris son assiette, hors de laquelle l'avait brusquement jeté la série de revers qu'il venait d'éprouver dans sa lutte inégale contre Rio-Santo. Il s'inclina avec un flegme passable où perçait quelque peu de sa hauteur native à travers une humilité de commande.

— J'oubliais que milord a sommeil, dit-il; — voici le fait : le caractère de la maladie de miss Trevor a changé... son affection nerveuse arrive à des symptômes si graves, si nouveaux pour mon expérience, que mes premiers essais sur l'autre ne peuvent plus me suffire.

— Sur l'autre? répéta Rio-Santo, qui entendait ce mot pour la deuxième fois sans le comprendre. — De qui parlez-vous, monsieur?

— D'une ravissante fille, sur ma parole, milord! répondit Moore avec un étrange enthousiasme;—d'un sujet vivant de la plus rare perfection!... Quelle jeunesse! quelle vigueur délicate et gracieuse! quelle beauté de formes, résumant toutes les séductions anatomiques de la femme!... Ah! par le ciel, milord, ce serait un plaisir sans prix que de mettre le scalpel dans ces chairs élastiques et fermes, que de désarticuler ces jointures... Mais Votre Seigneurie n'est pas médecin... Je parle de cette enfant dont je vous avais dit quelques mots dans notre dernière entrevue, de cette jeune fille qui devait me servir... Comment exprimerai-je cela devant un homme aussi délicat que vous, milord?... Qui devait me servir de ballon d'essai, — de brouillon, — d'ébauche ; — de cette jeune fille, en un mot, milord, que *nous* allons tuer pour sauver miss Mary.

Moore prononça ce *nous* avec une dureté sarcastique, et ne fit point mystère du bonheur qu'il avait à jeter sur le marquis une part de sa cruelle action. — La lèvre de Rio-Santo eut un tressaillement convulsif.

— Elle est jeune et belle ! murmura-t-il.

— Belle et jeune, assurément, milord !... plus belle et plus jeune que miss Mary Trevor elle-même.

— Vous m'aviez promis de ne pas la tuer, monsieur ! s'écria tout-à-coup le marquis en faisant peser son regard sur l'œil à demi clos du docteur Moore.

Mais cette fois le docteur soutint bravement son regard.

— Milord, dit-il avec un froid sourire, je suis dans la position de ce fou qui avait promis de boire la mer, et qui, sommé de tenir sa promesse, répondit : — Messieurs, je veux bien boire la mer; mais avez-vous songé à empêcher les fleuves d'augmenter sans cesse son volume? — Ni vous ni moi, milord, n'avons pu empêcher l'état de miss Trevor d'empirer déplorablement... La jeune fille m'a coûté cent livres : il faut bien qu'elle nous serve à quelque chose.

Rio-Santo recula son fauteuil et détourna ses yeux du docteur Moore, dont la prunelle rayonnait en ce moment un éclat diabolique.

— Après tout, cependant, reprit ce dernier d'un ton dégagé, — Votre Seigneurie est en ceci le meilleur juge... Si elle trouve à propos de laisser périr miss Trevor...

Le marquis lui imposa silence d'un geste et passa sa main sur son front.

— Dieu ne peut point pardonner cela! dit-il d'une voix profondément altérée.

Moore haussa imperceptiblement les épaules.

— Choisir! poursuivit Rio-Santo; — choisir entre ma pauvre Mary et cette jeune fille inconnue... Choisir, quand le choix est un arrêt de mort... Elle est belle, dit-on; elle était heureuse, sans doute... C'est affreux! affreux!

Sa tête se pencha. Son œil prit une expression vague où se miraient pour ainsi dire de mélancoliques pensées.

—Cela arrive dans Londres! murmura-t-il

— en sortant de Temple-Church où elle avait porté à Dieu sa prière si suave et si pure, la pauvre enfant aurait pu rencontrer aussi quelques émissaires de ces horribles étaux où la misère vend à la science des lambeaux de chair humaine !... Elle aurait pu, — ma petite sainte qui souriait si doucement et dont la voix montait si argentine vers le ciel, — elle aurait pu tomber sous la main des valets de cet homme... Par le nom de Dieu ! s'écria-t-il avec violence, savez-vous comment je me vengerais de cela, monsieur !

L'œil de Rio-Santo flamboyait. Sa voix éclata si menaçante, que Moore se reprit à craindre.

— Entendez-vous ! dit Rio-Santo, qui se leva haut et ferme sans garder trace de son récent accablement ; — entendez-vous !

Moore, stupéfait et ne comprenant point, balbutia quelques mots sans suite.

Rio-Santo lui saisit le bras.

— Je ne sais si je l'aime, monsieur, prononça-t-il avec une sorte d'égarement ; — mais si c'était elle... Oh ! je vous écraserais sans pitié !

Le marquis retomba sur son fauteuil. — Le bras de Moore s'entourait d'un cercle violâtre à l'endroit où l'avait serré Rio-Santo.

— Milord, dit Moore en réprimant un soupir de souffrance ; — je crois comprendre Votre

Seigneurie... Certes, il n'y a point d'apparence... Tout porte à penser que mon sujet n'a rien de commun avec votre maîtresse...

— Qui vous a dit qu'elle fût ma maîtresse, monsieur! interrompit brusquement le marquis; — je l'ai vue, — une fois, — prier Dieu. Je l'ai entendue chanter des cantiques... si vous saviez comme elle est belle et près de ressembler aux anges... Une autre fois, j'ai cru l'apercevoir derrière le rideau soulevé de sa fenêtre. Voilà tout... Je donnerais mon sang pour son bonheur!...

Moore ne put retenir un geste de pitié dédaigneuse.

— Un commis de Cheapside ne parlerait

pas autrement! pensa-t-il ; — un commis sans barbe!... Il y a place pour toutes faiblesses dans ce cœur dont la force est si grande pourtant!...

Pour mille raisons de science et autres, le docteur n'eût point été fâché de disséquer ce cœur. — Il ajouta tout haut :

— Tout porte à croire, disais-je, que cette jeune fille, à qui Votre Seigneurie porte un si chaud intérêt, n'est point celle que je tiens enfermée depuis six jours dans ma maison... Néanmoins, comme la chose n'est pas mathématiquement impossible, s'il vous plaisait de la voir, milord?...

— La voir! répéta le marquis en hésitant.

— Je dois dire à Votre Seigneurie, poursuivit Moore, que la petite est déjà bien entamée...

Rio-Santo détourna la tête avec dégoût.

— Bien changée, si mieux vous aimez, poursuivit encore le docteur ; — j'ai dû l'attaquer par le jeûne absolu et la séquestration dans l'obscurité...

— Assez ! assez ! murmura le marquis, dont une sueur froide inonda les tempes, — assez, monsieur ! vous me faites horreur !... Ah ! vous avez raison, ce ne peut être elle !... Dieu l'aime sans doute et la protége... Mais quelle que soit votre victime, pitié pour elle, pitié !

Moore prit bravement le bras du marquis et lui tâta le pouls.

—Sur mon honneur, milord, dit-il, vous n'êtes pas en état de supporter en ce moment de semblables émotions... Calmez-vous, je vous supplie... la nature, chez vous, réclame impérieusement le repos... Demain, ce soir, quand Votre Seigneurie le voudra, en un mot je lui dirai ce qui a rapport à Frank Perceval... à présent, mon devoir est de me retirer.

Moore, à ces mots, couvrant ainsi sa retraite d'un beau semblant de zèle, sortit avec précipitation.

Rio-Santo le rappela faiblement, mais la fatigue l'accablait. A peine le docteur avait-il passé le seuil, que la tête alourdie du marquis se renversa sur le dossier de son siége. Il s'endormit aussitôt profondément.

Nous n'attendrons pas son réveil pour faire connaître au lecteur la suite du rapport du docteur Moore; mais auparavant nous le conduirons, rétrogradant de quelques jours, au chevet de Frank Perceval.

Trois gros volumes nous séparent maintenant de ces événemens, racontés à la fin de la première partie de notre histoire. Néanmoins, tenant en naturelle aversion les *coups d'œil rétrospectifs*, nous risquerons tout au plus un résumé de quelques lignes :

C'était, si le lecteur s'en souvient, le surlendemain du bal de Trevor-House. Perceval, blessé dangereusement, sommeillait sous la garde perfide du *bon* sir Edmund Makensie. Une comédie, habilement nouée et dont quelques scènes préalables se passaient à Trevor-House, eut son acte pricipal au chevet même du blessé. Susannah, dominée par Tyrrel, baisa le front de Perceval endormi au moment même où lord James Trevor mettait le pied dans la chambre.

Lord Trevor furieux descendit rejoindre sa fille qui l'attendait dans son équipage, devant la porte extérieure de Dudley-House.

De là, le consentement de Mary, trompée, au mariage avec le marquis de Rio-Santo.

Tout espoir n'était pas perdu cependant pour Frank Perceval. Lady Ophelia, poussée par ce sentiment irraisonné qui porte le naufragé à se retenir à tout objet, fût-ce la lame aiguisée d'un glaive, lady Ophelia était venue au rendez-vous donné la veille par elle.

Elle était venue, la pauvre femme aimante et subjuguée, ne sachant ce qu'elle allait faire, et cherchant seulement, comme ces folles d'amour des romans de chevalerie, à conquérir un philtre capable de retenir Rio-Santo près d'elle. — Ce philtre était un poison mortel, mais qu'est l'idée de la mort, pour soi ou pour autrui, parmi les chauds élancemens d'une âme qui adore, qui regrette et qui souffre! Ophelia aurait tant voulu mourir pour Rio-Santo!

Elle était venue, — et, sûr le point de révéler ce secret qui devait ramener Rio-Santo à ses pieds, une terreur instinctive l'avait saisie. Elle eût voulu fuir. Il n'était plus temps.

Elle parla. — Frank écrivit cette lettre que lord Trevor déchira sous les yeux du fidèle Jack, devant sa famille assemblée, rompant ainsi violemment toutes relations avec le pauvre Frank.

Ici recommence notre récit.

Après avoir écrit sa lettre, Frank mit sa tête sur l'oreiller. Il était bien triste encore, mais il avait de l'espoir. Lord James Trevor l'aimait depuis l'enfance et ne pourrait assurément refuser l'entrevue qu'il lui demandait. Frank, en effet, affirmait sur l'honneur, dans sa lettre, qu'il était complétement étranger à la scène jouée à son chevet par une femme inconnue, et ajoutait qu'il avait à faire à Sa Seigneurie des révélations de l'espèce la plus importante.

Comment penser que lord Trevor déchirerait la lettre avant de la lire!

— Jack doit être maintenant bien près de Trevor-House, dit-il au bout de quelques minutes; — dans une demi-heure il sera de retour.

—Et toute cette ténébreuse machination s'en ira en fumée, ajouta Stephen.

Frank lui tendit la main.

—Ami, que Dieu le veuille! murmura-t-il, car le bonheur entier de ma vie est là...

—Bon espoir! dit Stephen en serrant la main que Perceval lui donnait; —je suppose que lady Ophelia...

—Pauvre femme! interrompit Frank; — elle est bien malheureuse, Stephen! Elle a donné toute son âme à cet homme qui s'est abattu sur Londres pendant mon absence comme un damnable fléau... à cet homme dont le nom est dans toutes les bouches... que toutes les femmes aiment... et qui m'a deux fois vaincu !

— C'est une belle et noble créature, répondit Mac-Nab, dont la pensée s'en allait involontairement vers Clary Mac-Farlane ; — mais savez-vous, Frank, ce sont ces créatures d'élite dont le cœur se trompe... Le bonheur vulgaire les effraie, je pense... Il y a en elles une poésie décevante qui leur montre de hautes joies, — des joies dignes d'elles, — ailleurs que dans la vie commune... Elles quittent un jour le sentier battu, Perceval, et comme leur regard est au ciel, elles ne voient point le précipice ouvert sous leurs pas... J'en sais une, moi... oh ! que Dieu la protége, car elle est noble et belle comme cette pauvre femme... et son œil trompé cherche loin d'elle, sans voir le cœur dévoué qui souffre à ses côtés !

— De qui parlez-vous, Stephen ? demanda Perceval étonné.

— Que Dieu la protége ! répéta le jeune médecin avec une tristesse passionnée ; — et que Dieu me protége, moi aussi, Frank, car je l'aime comme vous aimez Mary Trevor !

— Et ne vous aime-t-elle point ? dit Perceval qui rapprocha sa tête de celle de son ami.

— Je ne sais, répondit Mac-Nab.

Puis il ajouta tout de suite avec une nuance d'amertume :

— Je ne suis pas un héros de roman, moi ! Je ressemble trop aux autres hommes ! Je n'ai jamais rêvé de choses étranges et je vois le bonheur en une vie trop tranquille... C'est malgré moi que je l'aime, voyez-vous, Frank ; sa sœur, — la douce Anna qui m'aimerait peut-être, — voilà quel était mon lot... mais l'amour se fourvoie et ne sait point choisir... C'est Clary que j'aime ! et je l'aime comme un fou !

Frank se prit à sourire.

— Que vous êtes heureux, Stephen ! dit-il ; — et que vous êtes injuste, comme tous les gens heureux !... Je me souviens de miss Clary... et de la douce Anna, comme vous l'appelez... Miss Clary doit être bien belle...

Anna doit être bien jolie... quel gracieux petit ange elle faisait autrefois!... En vérité, le choix était difficile... c'est là le seul malheur que je reconnaisse en votre situation. Une fois le choix fait... Moi, je crois que j'aurais choisi Anna... mais non! peut-être eussé-je choisi Clary... Une fois le choix fait, Stephen, il ne vous reste qu'à être heureux.

Stephen, gagné par cette gaîté de Perceval, fut presque tenté de croire à son bonheur.

— Taisez-vous, Frank, répondit-il doucement, vous parlez trop pour un malade... et pourtant, c'est pour moi une grande consolation que de vous entendre parler ainsi. Peut-être me trompé-je...

— Quoi ! vous n'êtes pas bien sûr de ne pas aimer Anna ? interrompit en riant Perceval.

Il avait un bon coup d'épée dans la poitrine et sa destinée se jouait en cet instant, mais quand la gaîté ne trouve-t-elle point où se faire une petite place entre deux vrais amis qui causent, — et qui causent d'amour ?

Nous parlons, bien entendu, de deux vrais amis de vingt ans. Dix ans plus tard, l'amour n'est plus guère un élément de gaîté. C'est une source d'histoires pour les fats, d'idylles pour les bergers, de regrets pour beaucoup, d'ennui pour tout le monde.

Le moule est brisé de ces charmans vieillards poudrés, parfumés, pomponnés, guillerets, amoureux, moqueurs, bretteurs, qui parlaient à soixante ans de leur *belle inhumaine* avec un excessif sérieux. L'émigration française nous en envoya les derniers types il y a un demi-siècle. Depuis, l'univers s'est fait homme d'affaires. Le beefsteack a remplacé le blanc-manger. Il y a sous l'amour des livres sterling. Une fois vingt-cinq ans passés, nous parlons de nos amourettes anciennes avec un dédain sublime, et les poètes seuls, maigre troupeau, voient la beauté d'une femme parmi les diamans de sa coiffure.

Mais nos lords? dira-t-on. — Nos lords! — Miséricorde! nos lords achètent ou nos lords violent. Nos lords ont des passions de bétail. Nos lords font queue et s'inscrivent à la porte de quelque actrice prostituée aux deux mondes, parce que les prix de cette dame sont fixes et se cotent chez le secrétaire de son théâtre.

Nos lords! — Mais vous êtes donc un Samoïède, un Birman, un Sioux, pour venir nous parler de la galanterie de nos lords!

Stephen mit son doigt sur la bouche de Perceval et reprit en souriant :

— Taisez-vous, Frank; je suis votre médecin, et je vous ordonne de vous taire. Pauvre Anna!... Je voudrais bien l'aimer...

— S'il faut vous le dire, Stephen, la peur me prend que vous les aimiez toutes deux.

Le front de Mac-Nab se rembrunit.

— Il y a trois jours, Frank, répondit-il, je ne savais point lire au fond de mon cœur. Il y a trois jours, vous m'eussiez parlé comme vous le faites à présent, que j'aurais ri avec vous de toute mon âme... J'étais bien heureux alors !... Mais dimanche, — le jour de votre arrivée à Londres, Frank, — j'ai vu clair tout-à-coup en dedans de moi-même... Moment plein de délices et à la fois plein d'angoisses!.... Clary m'est apparue comme si jusqu'alors mes yeux, en la regardant, eussent été frappés d'aveuglement... J'ai vu un ange là où il n'y avait auparavant qu'une jeune fille... J'ai brusquement ôté à la pauvre Anna la place égale que je lui donnais naguère en mon cœur... Car, vous l'avez dit tout à l'heure en riant, Perceval, avant cela je les aimais toutes deux... L'une et l'autre était pareillement ma sœur chérie... On m'eût embarrassé en me forçant de faire un choix... Que n'est-ce encore ainsi, mon Dieu !

Il y avait une singulière détresse dans la voix de Stephen. Frank le regardait avec étonnement.

— Est-ce donc là un malheur? dit-il, voyant que Stephen ne reprenait point la parole.

— Oh! oui, c'est un malheur, s'écria Stephen ; — un grand malheur, Frank !... car, savez-vous d'où m'est venue cette révélation crié si soudaine ?... savez-vous quelle voix m'a hautement tout-à-coup l'état de mon cœur ?...

— Vous n'étiez pas si romanesque autrefois... voulut encore dire Perceval.

— Ne riez plus, Frank, interrompit Stephen en lui serrant fortement la main ; — car la voix dont je vous parle, c'est la jalousie !

— La jalousie ! répéta faiblement Perceval qui fit un retour sur soi-même et devint triste à son tour.

— J'ai un rival, reprit Stephen avec colère —Je le sais... quel est-il ? je ne pourrais vous le dire... Cet homme ne l'aime pas, ne la connaît pas... elle ne lui a jamais parlé... Lorsque j'y pense, tont cela me semble une fable, voyez-vous... ma tête s'y perd!...

On entendit dans l'escalier le pas irrégulier et chancelant du vieux Jack. Perceval essaya de se soulever.

— Folie que tout cela, Stephen! s'écria-t-il brusquement, excité à la fois par la fièvre et l'impatience; — vous vous faites des fantômes... Clary vous aime, je voudrais le parier. Ecoutez! Jack n'est-il pas déjà aux dernières marches! Allez lui ouvrir, ami... mais allez donc!... Il revient avec de bonnes nouvelles, l'excellent serviteur!... Comme il monte lentement!... J'ai de joyeux pressentimens, Stephen. Je vois du bonheur partout... Ah! ce vieux Jack n'arrivera jamais au haut de l'escalier, je pense!... Qu'il me tarde d'avoir la réponse de James Trevor!...

I

DEUX SOUVENIRS.

Stephen, suivant le désir de Frank, dont l'impatience était arrivée à son comble, était allé ouvrir la porte de la chambre.

C'était le vieux Jack, en effet, qui montait lentement les degrés de l'escalier.

Il passa le seuil, enfin, et s'avança péniblement vers le lit de son maître.

— Quelles nouvelles, Jack? s'écria celui-ci; — parle donc, malheureux!... quelles nouvelles?

Jack s'appuya contre l'un des deux montans du lit et mit sa main sur son cœur. Il était pâle, et son honnête visage exprimait un désespoir profond.

— N'as-tu point remis ma lettre! reprit Stephen avec colère.

— J'ai remis la lettre, Votre Honneur, répondit tout bas le vieux Jack.

— Eh bien?

Jack secoua sa tête chauve.

— Ne m'apportes-tu pas de réponse ?

— Perceval est plus noble que Trevor ! prononça le vieux serviteur en relevant son front humide avec fierté. — Le père de Votre Honneur eût fait châtier cet homme par ses valets... Trevor ! qu'est-ce donc que Trevor !... un baron du nord... un...

La tête de Perceval était retombée sur son oreiller.

— Mais acquittez-vous donc de votre message, quel qu'il soit ! dit Stephen. — Cette incertitude le tue.

— Mon message ! s'écria le vieux Jack que

son courroux grandissait d'une coudée ; — par l'écusson de Perceval ! cet homme a déchiré la lettre de Son Honneur sans la lire.

Frank ferma les yeux en poussant un faible cri.....

Stephen ne put retourner que le lendemain à la maison de sa mère, car durant toute la nuit suivante, Frank, brûlé par la fièvre, fut en proie au délire et réclama les soins du jeune médecin.

Cette nuit fut, pour Mac-Nab, toute pleine de méditations chagrines et de décourageantes appréhensions. L'état de Frank était loin de présenter des symptômes rassurans. Sa fièvre était des plus intenses, et Stephen craignait que toutes ces émotions douloureuses, éprouvées coup sur coup, vinssent en aide à la blessure pour rendre inutiles tous les secours de l'art.

Mais, au demeurant, il y avait des chances de guérison prochaine, et ce n'était point là la plus navrante pensée de Stephen.

Il est des heures particulièrement propres à la rêverie, où l'âme insoucieuse se repose avec paresse en un demi-sommeil que bercent des désirs indécis et de nébuleux espoirs. Mais quand la douleur, une douleur intense et formée d'élémens divers s'empare de vous à ces mêmes heures où la raison engourdie laisse pendre, lâches et flottantes, les rênes de l'imagination, l'âme ne sait point combattre, et fléchit, énervée, sous le faix lourd du découragement.

La nuit, le désespoir est plus amer, la souffrance plus cuisante; la nuit, la piqûre empoisonnée du soupçon sait mieux trouver l'endroit vulnérable du cœur. C'est la nuit que viennent ces bouffées d'angoisses qui montent du cœur à la tête et peuvent jeter un vaillant homme en la pensée lâche du suicide.

C'est un moment où se multiplient les forces de la sensibilité. L'âme y jouit mieux et y souffre davantage. La pensée court follement, exagérant tout, craintes, désirs, regrets, espérances, et donnant à toutes impressions une physionomie de fièvre et de démence.

La vie est triplée alors. L'homme froid se passionne ; l'homme passionné délire.

Stephen était assurément plutôt froid que passionné, mais tout choc dégage son contingent d'électricité : depuis trois jours, le jeune médecin, sans cesse rejeté hors de la voie de positive tranquillité où s'était jusque-là écoulée sa vie, s'échauffait à la lutte et perdait une partie de ce flegme, enveloppe des cœurs non éprouvés.

Son repos s'était changé en agitation ; l'heureuse apathie où sommeillait naguère sa jeunesse faisait place au trouble de la passion. Il aimait ; il était jaloux ; il souffrait.

Il était minuit environ. Frank, assoupi, respirait avec peine et se plaignait faiblement.

Sur une bergère, dans un coin de la chambre, le vieux Jack dormait et songeait. Il songeait sans doute à l'insulte récente subie par son jeune maître, car de colériques grondemens échappaient à son sommeil, et souvent il s'éveillait en sursaut avec le nom de Trevor sur les lèvres.

Derrière le lit, une veilleuse allumée éclairait vaguement les objets de sa lueur intermittente. A sa lumière, on voyait tantôt briller, tantôt se voiler soudainement les nobles émaux du grand écusson de Perceval et le cadre doré du portrait de miss Harriet, la sœur de Frank, morte à la fleur de l'âge, dont le visage mélancolique et pâle, sortant ainsi de l'ombre tout-à-coup, semblait une apparition.

Stephen avait donné d'abord son esprit tout entier à son ami malade, et suivi avec attention les diverses phases de la fièvre. Puis sa pensée avait glissé, à son insu, des choses présentes aux choses du dehors. Le souvenir de Clary Mac-Farlane était venu emplir son cœur, d'où le danger de Frank l'avait momentanément chassé.

Or, par un travail moral, produit naturel de la jalousie, Stephen ne pouvait plus voir sa cousine autrement que dans Temple-Church, préoccupée au milieu de la tranquille dévotion de ses compagnes, et couvrant le magnifique inconnu d'un regard triste, ardent, passionné, d'un regard où il y avait tant d'amour que Stephen se fût contenté, pour être bien heureux, d'une faible part de cette muette adoration.

Stephen avait les yeux ouverts; il veillait, mais dans la demi-obscurité où il se trouvait, les images évoquées passaient devant ses yeux comme un songe.

Clary était là, devant lui, rendue plus belle par cet amour étrange qui faisait la peine de Mac-Nab. A côté de Clary était le beau rêveur de Temple-Church, dont Stephen ignorait le nom, et que nous connaissons sous celui d'Edward.

Et la scène qui s'était passée à l'église du Temple se reproduisait avec une minutieuse exactitude; — et aujourd'hui comme alors, le premier mouvement de Stephen fut de s'écrier : « J'ai vu ce visage déjà quelque part. »

Il y eut néanmoins cette différence :

A l'église, Stephen avait mis de côté, sans façon, cette idée comme insignifiante et ne devant pas attirer l'attention plus que tous ces hasards de ressemblance qui foisonnent dans une cité populeuse. Cette nuit il s'y arrêta. Sa haine avait grandi, et il sentait un vague besoin de donner à sa haine un motif autre que la jalousie. Peu à peu, le souvenir lointain, mais précis, qu'il gardait d'un événement lugubre vint se placer en face des récens souvenirs de Temple-Church. Il compara ces deux souvenirs en présence ; il les rapprocha. — Et ce travail fut fait avec une passion si intense, que des gouttes de sueur vinrent sillonner son front.

Perceval, pendant cela, s'agitait sur sa couche ; mais Stephen ne prenait point garde.

Il s'enfonçait de plus en plus dans sa minutieuse recherche. L'aversion est, dans ses souvenirs, aussi précise que l'amour, et Stephen eût pu dessiner de mémoire le beau rêveur de Temple-Church. Soit qu'il eût repoussé trop à la légère, l'autre soir, à l'église, cette soudaine idée de ressemblance qui l'avait frappé tout d'abord, soit que les images se confondissent et se mêlassent après coup dans son cerveau, il est certain qu'il voyait maintenant Edward avec d'autres yeux.

Edward n'était plus pour lui seulement une

connaissance de la veille. Le souvenir de ses traits, si remarquables dans leur mâle beauté, datait maintenant des jours de son enfance. Il avait vu autrefois...

Mais, tout d'abord, n'était-ce pas là chose impossible! Quinze années amènent des rides au front d'un homme et sèment quelques traits d'argent parmi sa chevelure.—Or, cet Edward semblait jeune, et sa riche chevelure tombait en boucles d'ébène sur un front aussi pur que le front d'un adolescent.

Et pourtant, c'était lui,—c'était bien lui! Quelque chose manquait, quelque chose dont Stephen ne pouvait se rendre compte, mais pour tout le reste, les deux souvenirs, comparés, se rapportaient exactement l'un à l'autre, comme deux épreuves d'une même médaille.

Quinze années les séparaient. Le plus récent avait trait à une aventure commune et de tous les jours : la rencontre de Temple-Church. L'autre se mêlait à un drame odieux et sanglant, dont nous avons pu parler vaguement quelquefois dans le cours de ce récit, mais que le lecteur ne connaît point encore en détail.

Stephen s'affermissait en sa certitude, et, presque convaincu déjà, il cherchait le trait qui manquait au visage d'Eward pour être identiquement cet autre visage, gravé en caractères ineffaçables au fond de sa mémoins.

Frank s'agitait de plus en plus sous ses couvertures. Un fiévreux cauchemar oppressait sa poitrine.

Stephen n'avait garde de s'en apercevoir. Ses yeux s'étaient fermés sous l'effort de son investigation obstinée. Il retournait un à un les plis de sa mémoire, et se croyait sans cesse sur le point d'y saisir la circonstance oubliée.

Frank se prit à murmurer des mots confus. Sa langue, enchaînée par le cauchemar, tâchait désespérément de rompre ses liens.

— C'est lui ! se dit Stephen, pour la centième fois peut-être; — c'est bien lui... Ce que je cherche sur son visage, c'est...

— La cicatrice ! s'écria Perceval en sursaut ; — n'ai-je pas vu la cicatrice sur son front?...

Stephen s'était levé.

— La cicatrice ! répéta-t-il; oh ! je me souviens...

— Sur son front rouge, reprit Frank, elle apparaissait blanche et tranchée...

— Du sourcil gauche au sommet du front?... dit involontairement Stephen...

— Du sourcil gauche au sommet du front, répéta Perceval.

— Frank ! s'écria Stephen ; — vous le connaissez donc aussi !... Au nom du ciel de qui parlez-vous ?

Frank ne répondit point. Son sommeil l'avait repris.

Mac-Nab retomba sur son fauteuil.

— Voilà qui est étrange !... murmura-t-il.

Son esprit rassis et sage était décidément jeté hors de sa voie. Une atmosphère de roman le pressait de toutes parts. Autour de lui se succédaient, à chaque instant, des évenemens bizarres, auxquels ni sa raison, ni les syllogismes appris, ni sa jeune expérience ne pouvaient servir de clé.

Il sentit son intelligence vaciller, confuse ; son imagination se monta, et la nuit éclairée qui l'entourait s'emplit de singulières visions.

Ce mot, prononcé par Frank, pouvait avoir été dicté, après tout, par le hasard des rêves; mais Frank avait prononcé plus d'un mot.

Pour décrire ainsi cette cicatrice, il fallait l'avoir vue...

Stephen jeta un regard d'impatience sur Perceval endormi. S'il avait pu l'interroger, le faire parler, savoir!...

Mais comment penser à priver le pauvre blessé de ces quelques instans de repos?

Stephen fit effort pour calmer son trouble et voir clair dans le pêle-mêle de ses idées. Il avait du moins à présent le mot cherché de l'énigme. Ce qui manquait au visage d'Edward, c'était une cicatrice, précisément semblable à celle décrite par Perceval, une cicatrice longue et blanche, courant du sourcil gauche au sommet du front.

Il eut beau s'ingénier ; le front d'Edward, tel qu'il se le rappelait, tel qu'il l'avait vu trois jours auparavant à l'église du Temple, ne portait pas la moindre trace de cicatrice. — Un autre aurait pu se dire que le temps avait peut-être effacé ce stigmate, mais Stephen, médecin, savait de reste qu'une cicatrice au front est indélébile plus encore qu'en tout autre endroit de la figure ou du corps, à cause de la juxta-position de la peau et du crâne, séparés seulement par une mince lame de chair. Ne pouvant douter de ce côté, il se rejeta sur

quelque jeu de lumière, sur le jour douteux
répandu par les lampes ; mais sa mémoire impitoyable lui répondait que le front du beau
rêveur, appuyé contre le pilier de Temple-Church, était éclairé d'aplomb et très vivement, tandis que lui, Stephen, l'examinait
avec une curiosité jalouse...

Il se disait tout cela. Et pourtant sa conviction restait la même, et, au dedans de lui,
une voix criait sans relâche :

— C'est lui !

Ces voix intérieures ont tort souvent et passent inécoutées lorsqu'elles se mêlent de parler en plein soleil, devant la raison alerte à la
réplique ; mais la nuit, — une nuit de veille,

— parmi la solitude et le silence, l'âme se laisse prendre et l'oreille de l'esprit se fait superstitieuse.

Stephen était persuadé; le doute s'enfuit. La certitude entra en lui, amenant à sa suite l'horreur du passé, amenant aussi et surtout un immense effroi de l'avenir.

Car il s'agissait de Clary. C'était cet homme que Clary aimait. — Stephen n'avait jamais tant souffert.

Une fois revenue, l'idée de sa belle cousine le captiva tout entier bientôt. Il se la représenta tranquille sous le toit de mistress Mac-Nab. Parfois, il tressaillit à la douloureuse pensée quelle donnait à Edward absent sa veille ou son rêve ; parfois, il se reposa dans l'espoir que sa jalousie l'avait induit en erreur...

Puis la solitude et la nuit, faisant surgir de nouveaux fantômes, il eut, durant une minute, une frayeur d'enfant. Il vint à songer que la maison de sa mère n'était gardée cette nuit que par des femmes, qu'il n'était point là pour veiller sur Clary et que peut-être...

Mais pour le coup il se railla lui-même et se fit honte de ses folles terreurs.

— Ne dirait-on pas que Cornhill, notre bonne rue si large, si bien éclairée, si amplement pourvue de policemen est devenue tout-à-coup un repaire de brigands, parce qu'il m'arrive de m'absenter un soir pour veiller un ami malade! murmura-t-il en souriant à demi; — sur ma parole, je deviens pusillanime comme une vieille femme... Il ne me reste plus qu'à croire tous les contes à dormir debout que se récitent depuis cent ans les commères de la Cité... Je redeviens enfant.

Il se leva, secoua la tête comme pour chasser toute trace de ces ridicules craintes, et fit quelques tours dans l'appartement.

— Quand je frapperai demain à la porte de notre maison de Cornhill, se dit-il, comme pour changer le cours de sa conversation avec lui-même, — je parie que ce sera la douce voix de la pauvre Anna qui me souhaitera la bien-venue... Le premier visage que je verrai sera le joli visage d'Anna... Clary a autre chose à faire que de venir à ma rencontre... Pourquoi n'est-ce pas Anna que j'aime !

Ces derniers mots furent prononcés avec un gros soupir. — Le jour blanchissait derrière le givre des carreaux de la fenêtre.

Désespérant de trouver une veine de pensées qui le mît hors de sa tristesse, Stephen, mécontent de lui-même, revint s'asseoir au chevet de Perceval. Il attendait impatiemment le réveil de ce dernier pour lui demander l'explication de ces étranges paroles échappées à son sommeil.

Cette explication avait pour lui un intérêt

facile à concevoir, et il lui tardait de connaître par quelle singulière coïncidence le même homme occupait le sommeil du malade et la veille du médecin.

Et puis, cette cicatrice qui avait tenu une si large place dans ses méditations de la nuit, il voulait savoir où Frank Perceval l'avait vue.

XI

LA NOUVELLE D'UN MALHEUR.

Frank Perceval dormait toujours, et Stephen Mac-Nab épiait impatiemment son réveil pour avoir l'explication de cette parole échappée à son rêve.

Mais cette explication ne devait point avoir lieu tout de suite.

Vers sept heures du matin, on frappa violemment à la porte extérieure de Dudley-House. Le vieux Jack ouvrit et revint aussitôt dire à Mac-Nab qu'une femme le demandait en bas, de la part de sa mère.

Stephen prit sommairement les mesures exigées par l'état de Perceval, et fit ses recommandations au vieux valet, qui écouta chacune de ses paroles comme un oracle et les grava de son mieux dans sa mémoire. Ensuite il descendit au parloir, où il trouva la servante de mistress Mac-Nab.

— Qu'y a-t-il donc, Bess? demanda-t-il.

— Ce qu'il y a mister Mac-Nab, répondit la pauvre fille, dont Stephen remarqua seulement alors le trouble et l'affliction. — Ah ! lord ! ah ! lord !... ne demandez pas ce qu'il y a... Venez à la maison, plutôt ! Venez bien vite, car la pauvre dame devient folle... C'est à fendre le cœur.

— Parlez-vous de ma mère ? s'écria Stephen. Au nom de Dieu ! qu'est-il arrivé ?...

— Ah ! lord ! ah ! lord ! répéta dolemment Betty ; c'est à fendre le cœur !... Les deux pauvres chères filles On n'en eût point trouvé de pareilles dans la cité, mister Stephen ! Ah ! lord !....

Le jeune médecin, au comble de l'inquiétude, saisit le bras de Betty et la somma impérieusement de s'expliquer. — Mais faites donc parler une Ecossaise qui a fantaisie de pleurer! — Betty mit son mouchoir sur ses yeux et se tordit les mains en criant :

— C'est à fendre le cœur ! La pauvre dame devient folle !... Ah ! lord !... folle à lier !

Stephen fit ce qu'il aurait dû faire tout d'abord. Il s'élança dans la rue, appela un cab et se fit conduire au galop dans Cornhill.

Dès qu'il fut parti, Betty se ravisa. Il est notoire que, par tous pays, les vieilles servantes sont prises d'un fougueux désir de parler, dès qu'on ne veux plus les écouter ; — les vieilles servantes et aussi une grande quantité de femmes d'âges et de conditions divers, — et encore un certain nombre de célibataires contrarians, — sans parler d'une foule d'hommes mariés bavards, tatillons, insipides, comme notre Dickens sait si bien les esquisser lorsqu'il jette son énergique pinceau pour saisir, en un moment de gaîté, le crayon des croquis comiques.

Nous ne savons plus quel auteur français a dit :

Les sots depuis Adam sont en majorité.

Ce vers aurait du bon s'il ne contenait pas une personnalité un peu leste contre notre premier père, lequel, du reste, en définitive, ne fit point acte d'homme d'esprit en mangeant cette moitié de pomme verte d'où nous sont venus tous nos malheurs.

Nous n'avons point l'intention de nous étendre sur cet événement à jamais regrettable, mais il est bien permis de laisser échapper une plainte en passant, quand on songe que sans ce fruit mangé hors de propos, nous serions tous jeunes, beaux, bons, doués de la science infuse et à l'abri de la chute des cheveux.

Or, figurez-vous seulement un monde sans perruques et sans professeurs !

Tel était le paradis terrestre...

— Stephen, mister Stephen ! cria Betty en

voyant partir son jeune maître ; — oh ! mister Stephen !... Ecoutez ! écoutez ! je vais tout vous dire... sur mon salut !... C'est un affreux malheur, Mr Mac-Nab. Ecoutez !...

Mais Stephen était déjà bien loin.

Betty essuya ses yeux.

—Je pense qu'il aurait pu attendre un peu, grommela-t-elle ; et après tout il était bien naturel de tirer son mouchoir et de pleurer en pareille circonstance... Les petites filles sont maintenant Dieu sait où... Un autre aurait eu envie de savoir... mais mister Stephen est fier de son latin et de son grec... Grand bien lui fasse, le pauvre jeune monsieur! Cela ne l'aidera guère à retrouver ses cousines...

Oh! lord! quand on y songe, voilà un événement!

Bess reprit à son tour le chemin de Cornhill, désolée d'avoir manqué par sa faute l'occasion de conter une lugubre histoire.

L'entrée de Stephen dans la maison de sa mère fut quelque chose de navrant. Bess avait raison. La pauvre mistress Mac-Nab était presque folle. Durant toute la nuit, elle était restée debout sur la porte ouverte de sa maison, espérant toujours, attendant le retour de ses nièces qui ne devaient point revenir.

Au matin, elle était rentrée dans la maison; elle avait monté péniblement les deux étages qui menaient à la chambrette des jeunes filles, et là, saisie d'une sorte de transport, elle les avait appelées, appelées avec larmes, jusqu'à s'épuiser et tomber sans voix.

A la vue de Stephen, elle retrouva quelque force et put prononcer encore en pleurant les noms d'Anna et de Clary.

Stephen devina. Les paroles de mauvais augure de Betty l'avaient préparé à un malheur.

S'il n'eût point deviné, l'aspect des lits vides où n'avaient évidemment point couché les deux sœurs l'aurait mis bien vite sur la voie.

Elles avaient disparu, voilà ce qui fût constant pour Stephen. Mistress Mac-Nab elle-même n'en savait pas davantage.

Stephen fut attéré dans ce premier instant. Le coup était trop rude après une longue nuit d'épreuves et d'insomnie. Il se couvrit le visage de ses deux mains et refoula ses sanglots qui voulaient éclater. Sa mère vint le serrer dans ses bras et murmura parmi ses larmes :

— Après Dieu, mon fils, je n'ai d'espoir qu'en vous.

Stephen se raidit à cet appel. Le premier instant de faiblesse passé, il retrouva cette énergie froide qui était au fond de sa nature, et qui est, aux heures de détresse suprême, la qualité la plus précieuse que l'homme puisse trouver en son cœur. Il secoua la molle langueur qui lui restait des rêves de la nuit, et se redressa dans sa vigueur native. Il était réellement plus fort et plus à l'aise en face d'un malheur positif, dont l'étendue, si grande qu'elle fût, se pouvait mesurer, que vis-à-vis de ces fantasques appréhensions, de ces angoisses fiévreuses qui le tourmentaient pour la première fois depuis douze heures. Le roman gênait Stephen, la poésie le déroutait; ici le hasard lui présentait à boire une coupe bien amère, mais ses pieds touchaient le sol pour ainsi dire. Il en avait fini avec les hallucinations et les fantômes : il rentrait dans la vie.

Aussi, devant cette catastrophe terrible et assurément imprévue, il sentit son courage grandir et s'affermir. Sa tâche allait être de l'espèce la plus rude : il lui faudrait non pas combattre, mais chercher, — chercher dans l'immensité de Londres ! Il se sentit à la hauteur de sa tâche.

— Espérez en Dieu, ma mère, répondit-il, et comptez sur moi.

Mistress Mac-Mab n'était point à la maison lorsque les deux sœurs avaient été enlevées. Betty, qui s'y trouvait seule en ce moment, craignant les reproches de ses maîtres, altéra les faits et dit que les deux jeunes misses s'étaient enfuies sans rien dire. Personne, selon elle, n'avait pénétré dans la maison.

Un seul espoir restait. Angus Mac-Farlane

avait des façons si extraordinaires de se conduire en toute occasion, que mistress Mac-Nab, avait pu supposer dès l'abord la possibilité d'un rendez-vous secret donné par lui à ses filles. Stephen partagea un instant cette idée. Si faible que soit une chance, quand elle est seule, il faut bien s'y accrocher; mais le jeune médecin ne put garder long-temps cette illusion. —Le laird, pour bizarre qu'il fût, ne se serait certes point joué ainsi de l'inquiétude de sa sœur, en retenant durant une nuit entière les deux jeunes fille. Et puis, nulle apparence ne donnait à penser que le laird fût à Londres.

Stephen sortit pour se rendre chez le commissaire de police de Bishopsgate.

Dans ces quartiers populeux et marchands, où le grand et le petit commerce se mêlent à dose presque égale, il y a une quantité très remarquable de commères. Aussi est-ce une chose passant toute croyance que la rapidité avec laquelle un événement malheureux s'y apprend, s'y répète, s'y transforme. En deux heures, cinq cents versions du même fait circulent; chaque marchande douée de quelque imagination y ajoute sa variante. Quand l'histoire a fait ainsi le tour du quartier, son héros lui-même ne la reconnaîtrait pas.

Un cab, par exemple, écrase un *lascar* (1)

---

(1) Beaucoup de ces pauvres gens qui traient, pour un penny, des passages au milieu de la boue de Londres, sont des lascars, enlevés à leur pays par la presse anglaise. Par-

aux environs de Saint-Paul : c'est dans l'ordre. Dans Church-Yard, on parle du fait pendant trois minutes ; — dans Cheapside, le malheureux lascar monte en grade et devient chien de race ; c'est plus sérieux. Ecraser un chien de race ! le cocher mérite l'amende et la société cynophile, fondée pour la défense générale des intérêts des chiens errans, suivra sans doute cette affaire ; — dans Cornhill, le chien de race se fait enfant de bonne maison ; dans Leadenhal-Street, l'enfant se change en vieille lady puissamment riche...

Ici l'histoire tourne à gauche et passe dans

---

tout où un capitaine a besoin de matelots, il prend ainsi des hommes, quitte à les rejeter, nus, sur le sol anglais au retour. Les lascars sont une des mille variétés de victimes que l'égoïsme anglais fait partout sur son passage. On s'en sert, puis on les laisse mourir de faim.

Hounsditch où elle subit une variante nouvelle. Puis elle voyage dans London-Wall et revient à Saint-Paul par Moorgate-Street.

Mais il n'est plus question ni du lascar ni du cab, Church-Yard est fort étonné d'apprendre que le tilbury de lord Chesterfield a écrasé l'Honorable John Slip, membre du parlement pour un bourg-pourri du comté de Lancastre, qui s'était laissé choir dans le ruisseau en sortant de l'*oysters-rooms* (salon où l'on mange des huîtres) de Temple-Bar.

Le récit est trop vraisemblable pour qu'on se refuse à y croire.

Lorsque Stephen mit le pied dans la rue, les commères de Cornhill et de Finch-Lane savaient déjà l'enlèvement des deux sœurs et le travestissaient à leur manière.

Comment le savaient-elles?

Ceci est un profond mystère. — Qui pourrait dire comment mistress Footes savait que son voisin Richard Trim, le marchand de lunettes, portait un corset sous son caleçon? Qui pourrait dire comment mistress Crosscairn avait découvert que les belles dents de M. Simpson, le lion du quartier, étaient *osanores* (le mot existe) et sortaient de la fabri- du dentiste voisin?...

Les commères ont des yeux pour percer les murailles et des oreilles pour entendre ce qui ne se dit point.

Et puis il y avait Bess, la servante de mistress Mac-Nab.

Le conciliabule féminin se tenait ce jour-là au coin de Cornhill et de Finch-Lane qui faisait face à la maison carrée. On prenait le thé du matin chez mistress Bloomberry.

Mistress Black savait de source certaine que les deux pauvres chers cœurs s'étaient enfuis pour suivre leurs amans, — deux horse-guards, les deux plus beaux hommes du régiment.

Mistress Bull était désolée de contredire mistress Black, mais chacun savait que les amans des deux jeunes misses étaient des commis de la banque, deux beaux hommes, il n'y avait pas à dire non, mais dont l'un portait perruque et l'autre louchait de l'œil droit.

Mistriss Browne ne pouvait laisser passer cela. Les deux pauvres filles avaient été *burkées* sous sa fenêtre, — et, sans la pluie qui tombait à torrens, il y aurait eu encore du sang sur le pavé.

C'était une chose étrange, selon mistress Dodd, que toutes les sottises qui se disaient à propos de la circonstance du monde la plus simple. (Murmures.) Ces dames avaient tort de murmurer. Il n'y avait point de personnalité dans ce que disait mistress Dodd. Seulement, elle s'étonnait que deux pauvres misses qui avaient *fait une faute*, ne pussent aller se noyer dans la Tamise sans mettre tout le quartier en émoi.

Mistress Crosscairn avait toujours pensé que mistress Dodd, sa voisine et amie, ne ménageait point assez ses paroles. Elle avait connu bien des femmes en sa vie qui s'étaient repenties avant de mourir de la légèreté de leurs discours. — Quant aux jeunes misses de l'autre côté de la rue, elles étaient engagées pour servir de *statues vivantes* à l'exhibition du Strand. — On pouvait aller y voir.

Mistress Crubb, mistress Footes et mistress Bloomberry absorbaient en silence un nombre incalculable de tasses de thé, réservant sans doute leur opinion pour le dessert.

Lorsque Stephen passa sous les fenêtres, les huit dames se levèrent et le suivirent long-temps du regard. Ce fut un nouveau texte à bavardage.

En somme, les huit langues assemblées au au coin de Cornhill s'accordèrent à reconnaître que c'était grand dommage de voir un si joli garçon se faire du chagrin pour de pareilles évaporées.

Stephen poursuivait son chemin vers Bishopsgate, et tâchait de voir clair dans l'énigme de la disparition des deux sœurs. La première idée qui lui vint fut que l'inconnu de Temple-Church était l'auteur de l'enlèvement. Sa raison regimba tout d'abord contre cette idée ;

car, en admettant comme vrais ses soupçons jaloux, c'était Clary qui aimait cet homme et non point cet homme qui aimait Clary. D'ailleurs, pourquoi eût-il enlevé les deux sœurs ? — Assurément ces argumens étaient de ceux qui ne se réfutent point. Cependant Stephen ne mit point de côté cette idée, parce que les cerveaux les plus raisonnables ont leur recoin ténébreux ou passionné. Stephen, le positif, le sage Stephen y voyait trouble dès que sa jalousie pouvait se mettre pour un peu ou pour beaucoup entre sa vue et l'objet observé.

En second lieu, Stephen se dit que ce pouvait être un enlèvement ordinaire, un enlèvement double, voilà tout. — Mais les deux sœurs étaient si pures! et il savait si bien tous leurs petits secrets!

Ce pouvait être encore un de ces rapts assez communs à cette époque, commis par quelque pourvoyeur de la pairie.

Enfin, ce pouvaient être les gens de la résurrection...

Stephen frémit de tous ses membres et n'acheva point de formuler cette dernière pensée.

Et néanmoins, il s'avoua qu'elle était la plus probable de toutes.

Quelle que fût du reste la vérité, il pensa que l'œil investigateur de la police pourrait lui être d'un grand secours, et prit espoir de son entrevue avec le commissaire de Bishopsgate-Street.

On sait que la Cité de Londres est un état dans l'état, ceci à tel point que si fantaisie prend à Sa Majesté d'entendre l'office à Saint-Paul, elle est obligée d'envoyer demander au lord-maire les clés de la Cité, — laquelle n'a point de portes.

On apporte lesdites clés, — qui sont fausses, si jamais clés le furent, — à S. M., de l'autre côté de Temple-Bar, dans le Strand. Le roi, — ou la reine, les touche et passe.

Et les merciers de Freet-Street se drapent dans le contentement de leur stupide orgueil. Ne traitent-ils pas de puissance à puissance avec le souverain des Trois-Royaumes ?

Les commissaires de police de la Cité relèvent donc immédiatement du lord-maire, et non point de la police générale de Londres. Ce n'en sont pas moins des magistrats fort importans. Leur position est considérable sous tous les rapports et n'emporte point cette quasi-réprobation qui, de l'autre côté du détroit, s'attache à tout ce qui regarde la police. — A Londres, le bourreau est un gentleman. Point de préjugé dans cette noble ville. On n'y conspue que les gens qui ont faim.

Le commissaire de Bishopsgate-Street reçut Stephen du haut de sa grandeur. — Stephen avait attendu préalablement une heure et demie dans l'antichambre.

Il exposa sa demande et réclama comme de raison toute la diligence possible dans les recherches.

— Assurément, assurément, monsieur, répondit le commissaire; — c'est un cas d'urgence... Inscrivez la réclamation de M. Mac-Nab, Robin Cross... c'est un cas d'urgence... Mais du diable si nous n'en avons pas par dessus la tête, des cas d'urgence... Vous êtes prié de revenir dans quinze jours, monsieur.

— Dans quinze jours ! s'écria Stephen stupéfait ; — mais, monsieur...

—Ah!... qu'y a-t-il encore, monsieur Mac-Nab?... Je vous ai dit dans quinze jours... Je suis votre serviteur...

— Ne pourait-on?...

— Non, diable! monsieur.

— Je serais prêt à faire tous les sacrifices...

— Oh!... Causez avec Robin Cross, monsieur, en ce cas... J'ai la tête rompue... Je suis votre serviteur.

Robin Cross s'était levé. C'était une sorte de spectre, long et maigre, dont la figure coupante était prise entre deux touffes ébouriffées de favoris blanchâtres, comme la roue de verre d'une machine électrique entre ses deux coussins. Il fit à Stephen un obséquieux salut et le pria d'entrer avec lui dans un cabinet voisin.

— Toutes ces recherches nous coûtent un

argent fou, voyez-vous, monsieur, lui dit-il;
— veuillez donc prendre la peine de vous
asseoir... Un enlèvement!... les gens du dehors croient que nous avons une baguette
pour retrouver les objets perdus. Un double
enlèvement!... Sont-elles jolies, monsieur, je
vous prie ?

— Qu'importe cela ! répondit brusquement
Stephen.

— Permettez, mon cher monsieur!... Je
n'ai pas le dessein de vous offenser... Vous
nous avez donné leur signalement exact, mais
les signalemens ne disent rien... Je pourrais vous citer, par exemple, celui du fameux Fergus-le-Rouge, — vous savez, Fergus

O'Breane, le bandit du Teviot-Dale, — qui ressemble trait pour trait à...

— De grâce, monsieur, venons au fait! interrompit Stephen avec impatience.

Peut-être Stephen ne se fût-il point pressé si fort d'interrompre, s'il eût pu deviner le nom qu'il arrêta sur la lèvre de Robin Cross.

— A la bonne heure, reprit celui-ci sans s'émouvoir. Je vous demandais si les deux demoiselles sont jolies.

— Elles sont jolies, monsieur.

— Hum! hum! fit Robin Cross en secouant la tête. Mon cher monsieur, cela vous coûtera une bonne somme.

—Je suis disposé à ne point marchander, dit Stephen.

—C'est fort honorable, monsieur... Voyez-vous, si elles étaient laides, la chose se ferait d'elle-même. Au bout de quatre jours, ceux qui les ont enlevées les jetteraient sur le pavé... Cela se fait ainsi, vous savez... Nous n'aurions que la peine de les ramasser... Pour dix guinées vous en seriez quitte... et encore ces dix guinées seraient de votre part une générosité, car la loi nous défend de rien exiger. —Mais elles sont jolies... hum! hum! monsieur!... très jolies peut-être?...

Stephen leva les yeux au ciel avec impatience et dégoût. Cet homme le mettait au supplice.

— Elles sont très jolies, je le vois bien ! reprit Robin Cross avec un douloureux soupir ; — ah ! mon cher monsieur, cela vous coûtera cinquante livres.

— Et pourrai-je être sûr ?...

— De notre zèle ?... Nous sommes connus pour cela, monsieur Mac-Nab ! Fiez-vous à nous... Si nous ne retrouvons pas les chères demoiselles, c'est que la volonté de Dieu sera contre nous.

— Ecoutez, écoutez, s'écria Stephen qui prit la main du commis et la pressa entre les siennes, dans un de ces momens de détresse où l'on achèterait l'ombre d'un espoir au prix d'une fortune ; — vous chercherez, n'est-ce pas ? Vous remuerez Londres entier...

— Londres est lourd, mon cher monsieur, grommela Robin Gross.

Stephen ne l'entendit pas et reprit avec une chaleur croissante :

— Vous les retrouverez, fussent-elles aux mains d'un homme puissant...

Robin Cross fit la grimace.

— Vous me les rendrez, monsieur, n'est-ce pas ?... Moi, je vous donnerai cinquante livres, cent livres, davantage, tout ce que vous voudrez.

La grimace de Robin Cross se changea soudain en un sourire excessivement flatteur.

— Voilà qui est parler, mon jeune gentleman ! dit-il en serrant à son tour la main de Stephen... Soyez tranquille, nous remuerons Londres, comme vous dites, nous ferons l'impossible... Vous serait-il désagréable de nous remettre quelque chose... ce que vous voudrez... pour les premiers frais ?

Stephen mit sur la cheminée quatre ou cinq bank-notes de cinq livres.

— A la bonne heure ! à la bonne heure ! répéta Robin Cross ; — vous serez content de nous, mon jeune gentleman !

Stephen descendit, plein d'espoir, l'escalier

du bureau de police. Mais, une fois dans la rue, l'air frais dissipa l'espèce d'ivresse où il s'était laissé tomber à son insu. Il raisonna froidement ; il pesa la valeur des promesses de ces hommes avides et mercenaires. — Son espoir s'évanouit.

Et pourtant il fallait agir. Les pauvres filles l'appelaient sans doute et demandaient secours. Mais comment agir seul : que faire ?

Stephen allait, sans savoir, droit devant soi et ne s'inquiétait point de choisir sa route. En l'un de ces momens où l'on se répète à soi-même : il faut agir, il faut agir ! Stephen leva les yeux et lut, au coin d'un pâté de maisons, le nom Finsbury-Square.

Il devint pâle. Ce nom venait de rejeter à travers son esprit une lugubre idée, déjà repoussée avec horreur.

Stephen se savait là auprès d'un repaire de résurrectionnistes.

Il était médecin, ses études et les causeries de ses jeunes confrères lui avaient appris le chemin de ces magasins de chair humaine, que la police de Londres laisse exister moyennant finances, et que les gens graves appellent « un mal nécessaire. » Il n'ignorait point que le voisinage du grand cimetière des non-conformistes avait attiré aux environs de Finsbury-Square, dans Worship-Street, le plus hardi, le plus redoutable des trafiquans de la mort.

Le premier mouvement de Stephen fut de s'enfuir. — Puis une force irrésistible et mystérieuse le poussa à continuer sa route vers Worship-Street. L'angoisse a incessamment soif de certitude, et le malheur qu'on connaît semble moins amer que le malheur qu'on redoute...

Dans l'un de nos voyages sur le continent, il nous est arrivé de visiter une fois l'établissement connu à Paris sous le nom de la *Morgue*. Nous entrâmes dans ce petit édifice dont la vue seule donne froid au cœur, et autour duquel pourtant caquettent et rient, tant que dure le jour, des marchandes de légumes et de fruits, dont les éventaires s'adossent presque aux murailles grises de cette tombe temporaire.

Sur le seuil, lorsque nous entrâmes, il y avait une pauvre femme assise et tournant le dos à la salle d'exposition ; elle sanglotait douloureusement et se levait parfois comme si elle eût voulu entrer et voir, mais une invincible terreur la rejetait sur la pierre qui lui servait de siége. De temps en temps elle murmurait d'une voix brisée :

— Mon enfant ! mon pauvre enfant !

Elle resta là long-temps. — Au moment où nous ressortions, navré par l'affreux spectacle offert dans ces salles humides, la femme se leva comme une folle et s'élança les bras tendus à l'intérieur.

On entendit un bruit déchirant. — Puis deux hommes de police emportèrent un corps sans vie.

La femme avait vu ce qu'elle craignait tant de voir, ce qu'elle n'avait pu s'empêcher de chercher.

Stephen Mac-Nab était comme la pauvre femme. Il craignait et il voulait à la fois ; or, en cette situation de l'âme, plus la crainte est poignante, plus le désir est grand.

Il se trouva bientôt dans Worship-Street, devant une grande maison, dont l'extérieur ressemblait parfaitement à celui des autres maisons ses voisines.

Sur la porte, au dessous du bouton de la sonnette, il y avait une petite plaque de cuivre où on lisait ces mots :

BUREAU DE Mʳ BISHOP.

Stephen mit la main sur le bouton de la sonnette. Puis il la retira pour l'y remettre encore. Son cœur battait comme lorsqu'on va défaillir.

C'était bien la position de la pauvre femme assise sur les marches de la *Morgue* de Paris...

XII

LE BUREAU DE Mr BISHOP.

Tandis que Stephen hésitait, la main sur le bouton de cuivre de *Mr Bishop-Office,* il y avait de l'autre côté de la rue un homme qui le contemplait avidement.

Cet homme, appuyé contre la grille d'une maison, portait le costume des mendians de Londres, — étrange costume, qui est en tout semblable à celui d'un gentleman, dont il ne diffère que par les souillures et la vétusté; costume mille fois plus triste et plus repoussant que les haillons des pauvres du continent, parce qu'il semble afficher une sorte de prétention à l'aisance et protester contre l'évidence de la misère.

Et cela est peut-être un calcul dans un pays où la misère est un arrêt de mort.

L'homme qui regardait Sephen pouvait avoir quarante ans, mais il paraissait être de dix ans plus âgé. Les lambeaux d'un habit noir flottaient sur ses épaules osseuses et dépourvues de chair. Son pantalon, également noir et rapiécé en mille endroits, se collait, flasque et humide, sur ses jambes d'une effrayante maigreur.

Il avait dû être beau de visage ; du moins ses traits réguliers, et ne manquant pas dans leur dessin d'une certaine finesse, semblaient l'annoncer. Mais la faim ou la maladie, ou toutes les deux à la fois, avaient opéré parmi ces traits de tels ravages que leur ensemble ne pouvait plus inspirer que la pitié. Son front étroit, saillant, bronzé par le manque habituel de coiffure, se couronnait d'une masse de cheveux incultes et comme désséchés. Sa barbe était coupée aux ciseaux, partout où la décence anglaise a déclaré *shoking* de laisser croître le poil. Nous pouvons affirmer ici, en passant, qu'aucune lady ne ferait l'aumône à un pauvre entaché de moustaches. Il est malheureusement vrai que ce pauvre y perdrait peu, vu que les ladies font rarement l'aumône. — Sa bouche avait cette expression d'amertume ulcérée que rend plus triste encore l'obligation de sourire. Ses yeux mornes, grossis, égarés, s'ouvraient à fleur de tête entre les cavités de son front déprimé au dessus du sourcil, et de sa joue où saillait seulement la pointe enflammée d'une osseuse pommette.

Ces traits n'exprimaient rien, à vrai dire, rien que la misère poussée jusqu'à l'agonie, mais ils exprimaient la méchanceté ou la bassesse moins encore que tout autre chose. Le type irlandais y gardait seulement quelque chose de son astuce naïvement flagorneuse.

Et au fait, à Londres, où tout vice peut devenir un lucratif métier, il faut être honnête homme pour mourir de faim.

C'était la position de notre homme : il mourait de faim. — Cela est si commun chez nous, que nous avons vraiment scrupule d'entretenir le lecteur de pareilles banalités. — Mais il faut bien tout dire ; et puis notre livre est fait un peu pour la France, où les gens qui périssent d'inanition peuvent avoir, dit-on, la chance de trouver çà et là un morceau de pain.

Nous n'affirmons point positivement ce dernier fait, de peur de passer parmi les charitable riverains de la Tamise, nos aimés compatriotes, pour un porteur de moustaches.

Chose à coup sûr effrayante et faite pour humilier davantage un cœur vraiment anglais, qu'une accusation de vol ou de faux en écriture authentique.

Notre pauvre homme regardait toujours Stephen avec une singulière expression d'avidité. Manifestement, il avait grand désir d'aborder le jeune médecin ; mais quelque chose le retenait : la détresse est si timide à Londres, pour avoir été si souvent rebutée !

Enfin, tandis que Stephen hésitait encore

lui-même, le mendiant (1) quitta doucement la grille où il s'appuyait et traversa la rue à pas de loup. Il arriva auprès de Stephen au moment où ce dernier se déterminait à peser enfin sur le bouton de la sonnette.

— Votre Honneur, dit-il avec timidité en tirant faiblement Mac-Nab par le pan de son habit ! — oh ! Votre Honneur !

Stephen se retourna vivement, honteux d'être surpris en ce lieu. A l'aspect du pauvre, son premier mouvement fut de s'irriter; mais le malheureux chancelait sur ses jarrets éti-

---

(1) *The poor man* (le pauvre). La mendicité est, comme on sait, rigoureusement interdite.

ques. Les quelques pas qu'il venait de faire l'avaient épuisé.

— Que voulez-vous? demanda Stephen, qui réprima un geste de brusquerie.

— Oh! Votre Honneur! répondit le pauvre avec un fort accent irlandais ; ne vous fâchez pas contre moi... je veux seulement vous dire que Mr Bishop vend trop cher et que vous vous arrangeriez avec moi à moitié meilleur marché.

Stephen se recula involontairement. La pauvreté, parmi ses mille malheurs, a celui d'être toujours facilement accusée. — Stephen avait d'ailleurs l'esprit aux idées lugubres, et les paroles de l'Irlandais lui parurent avoir une terrible portée.

—Est-ce que vous faites métier de vendre des cadavres? s'écria-t-il.

— Voulez-vous en acheter un? demanda tout bas l'Irlandais au lieu de répondre.

Stephen pensa tout de suite aux deux sœurs.

—Une jeune fille? prononça-t-il à travers ses dents convulsivement serrées.

—Oh! Votre Honneur! je ne suis pas un assassin comme Mr Bishop... Et, quand je dis que Mr Bishop est un assassin, je me trompe peut-être... Je sais bien qu'on ne doit jamais mal parler des gens riches... mais pour ce qui est de moi, Votre Honneur, il n'y a qu'à me regarder pour voir que je n'aurais pas la force de burker un enfant...

Stephen regarda mieux le pauvre diable et eut pitié de son évidente détresse.

—Déterrez-vous donc les cadavres que vous vendez? demanda-t-il plus doucement.

Car ce fait de violer les sépultures est naturellement faute vénielle pour tout médecin anglais.

—Oh! non, Votre Honneur, répondit l'Irlandais; —je suis catholique.

—Alors, que me proposez-vous?

— Un corps qui n'a pas été mal bâti dans son temps, Votre Honneur... un peu maigre, mais sain.... quarante ans, cinq pied six pouces... dans une heure il peut être à vous. Si vous vouliez l'attendre huit jours, j'aimerais mieux ça, mais ne vous gênez pas.

— Mais où le prendrez-vous? balbutia Stephen stupéfait.

— Oh! ne vous embarrassez pas de cela, j'ai mon affaire.

— Il n'est donc pas mort?

— Pas tout à fait, dit l'Irlandais en souriant avec tristesse.

— Vous comptez le tuer?...

— Il le faudra bien.

— Mais enfin, malheureux, dit Stephen en frissonnant, quel est ce cadavre ?

— S'il plaît à Votre Honneur, répliqua l'Irlandais avec une résolution froide, — ce cadavre est le mien.

A ce dernier mot, le pauvre chancela et s'assit sur les marches de l'escalier de Bishop.

Stephen le considéra avec attention. Il ne découvrit nulle trace d'aliénation mentale ou même de fièvre sur ce visage exténué. Ce comble de la misère humaine lui fit oublier, pour un instant, sa propre souffrance.

— Comment vous nomme-t-on ? demanda-t-il en cherchant sa bourse.

— Oh ! Votre Honneur, s'écria joyeusement l'Irlandais ; — je vois bien que vous allez m'acheter... Je me nomme Donnor d'Ardagh, et je puis vous compter en deux mots mon histoire... Nous autres Irlandais, voyez-vous, nous avons la passion de venir à Londres, — et Londres nous tue...

En voyant que Stephen l'écoutait, Donnor retrouva pour un instant la volubilité proverbiale des fils de la verte Erin et reprit avec rapidité :

— Oh ! oui, Votre Honneur, Londres est mauvais pour les gens de l'Irlande... J'y vins, il y a bien long-temps, et je me mariai dans Saint-Gilles avec une jolie fille qui m'aimait. Nous étions pauvres, mais nous étions forts tous deux, et nous travaillions tant!... Il y a deux ans, nous vivions tranquilles avec cinq enfans dont les plus grands travaillaient déjà... L'aîné, Patrick, était bien beau et bien robuste; il eût soutenu nos vieux jours, car il avait bon cœur... mais le roi eut besoin de matelots. Patrick fut *pressé* et mis sur un navire qui n'est pas revenu... Ma pauvre Nell pleura, tout en travaillant; puis elle cessa de travailler parce que son cœur était brisé... Le pain manqua dans notre *cellar* (cave) de Church-Street... Georges, mon second fils, — un généreux et doux enfant, Votre Honneur! — eut pitié de sa mère malade et vola un

remède chez un marchand de drogues.....
Georges fut envoyé à Botany-Bay..... Nell
mourut.

Donnor étouffa un sanglot et poursuivit en
haletant.

— Snail et Loo, que nous avions été obligés
d'envoyer aux manufactures pendant la maladie de Nell, devinrent ce qu'on devient dans
ces réceptacles empoisonnés... Snail s'est engagé, dit-on, dans la *grande Famille*... Si
vous saviez comme il était gentil et avisé,
Votre Honneur ! — et Loo, ma jolie Loo ! l'amour de ma pauvre Nell !... Loo est devenue
la honte de mon nom... Elle n'a que treize
ans, Votre Honneur : c'est Londres qu'il faut
accuser et non pas la pauvre fille !...

Donnor courba la tête en pleurant, mais sans cesser de parler.

— Snail et Loo eussent été d'honnêtes cœurs, dit-il encore, — mais c'est à l'enfance que Londres s'attaqne, et l'enfance ne sait pas... Maintenant Loo se meurt, tuée par le gin et la fatigue de son affreux métier, et Snail croît pour la potence... Oh!... Et ce sont mes enfans!... les enfans de Nell, si pure et si bonne!... Maintenant, Votre Honneur, il me reste une petite fille toute nue, qui couche dans la cendre à la porte de mon ancien *cellar*... Je suis trop faible pour travailler, et je cherche à vendre mon corps pour deux livres et dix shellings.

— Mais, malheureux, dit Stephen, quand

vous ne serez plus, pensez-vous que votre petite fille souffrira moins ?...

— Oh! Votre Honneur, j'ai songé à tout, répondit Donnor avec un sourire d'enfant, un sourire dont aucun mot ne nous semble pouvoir peindre la simplicité sublime ; — j'ai eu le temps de la réflexion. Il y a bien des jours que je cherche à me vendre... mais Mr Bishop me trouve trop maigre... Il se trompe : j'ai encore de la chair !... Voyez-vous, Votre Honneur, Brien de Cork, le mercier de Bainbridge-Street, ne demande pas mieux que de prendre la petite fille chez lui, si je trouve deux livres pour le trousseau... Il me resterait encore dix shellings, dont cinq me serviraient à faire mettre une croix sur la tombe de Nell... Avec les cinq autres...

Donnor hésita.

— Oh! Votre Honneur, reprit-il avec embarras, je sais bien que ce n'est pas là une pensée de chrétien... et, s'il le faut, je pourrai rabattre ces cinq derniers shellings... Mais il y a si long-temps que je n'ai bu et mangé à ma soif et à ma faim!... Avant de mourir, Votre Honneur, j'aurais voulu m'asseoir à une table comme un homme, manger du pain et boire de l'ale... J'ai oublié le goût de tout cela.

Stephen demeura un instant sans voix devant cette suprême expression de la misère

Donnor crut qu'il trouvait ses prétentions exorbitantes.

— Je renoncerai aux cinq shellings, s'il le faut, continua-t-il avec un soupir. Je puis mourir à jeun comme j'ai vécu... pour l'autre couronne... La pauvre Nell n'a pas de croix sur sa tombe... Ah! Votre Honneur ! si vous marchandez, la petite fille ne saura pas où s'agenouiller pour pleurer sur sa mère !...

L'œil de Stephen devint humide; son sang-froid ne put tenir contre ces dernières paroles.

— Donnor, dit-il, je suis bien malheureux, moi aussi... on a enlevé dans la maison de ma mère deux jeunes filles que j'aime comme mes sœurs.

— Ah! fit l'Irlandais qui jeta un coup d'œil significatif sur l'écriteau de Mr Bishop.

— Allez manger et boire, reprit Stephen en lui mettant un souverain dans la main avec sa carte; — allez donner des habits à la petite fille... puis vous reviendrez me voir.

Donnor ne se pressa point d'être reconnaissant. Il savait trop Londres pour supposer un bienfait, et son regard interrogea la physionomie de Stephen avec défiance.

— Votre Honneur, dit-il après un silence, c'est encore une livre et cinq shellings,

On ne peut exiger qu'un homme, dans la position de Stephen, s'occupe long-temps du malheur d'autrui.

— Si vous pouvez me servir, je vous paierai, répliqua-t-il brièvement, en congédiant l'Irlandais d'un geste. — Si vous ne pouvez pas m'être utile, je viendrai à votre secours... Allez, Donnor, et revenez me voir aujourd'hui dans Cornhill.

Donnor s'éloigna, ébahi. L'idée de gagner quelque argent, faible comme il était, autrement qu'en vendant son cadavre, ne pouvait plus entrer dans son intelligence, rompue à cette pensée de mort.

— Je vais toujours faire de mon mieux pour la petite fille, pensa-t-il.

Mais il ne remercia pas Stephen.

Celui-ci pesa sur le bouton de la sonnette. La porte s'ouvrit.

Un valet à livrée rouge introduisit Mac-Nab dans un assez beau parloir, dont les lambris s'ornaient d'une multitude de mauvaises gravures représentant des scènes de sport, des assauts de pugilat et des combats au fleuret. Il y avait, jetés çà et là sur les tapis des tables, des gantelets de boxeur, des cravaches, des pipes et plusieurs numéros du journal *the Grog,* feuille hebdomadaire illustrée, dont les colonnes s'ouvrent à tout haut fait de chasse, de sport, de jeu, de pugilat ou d'*eccentricity*.

Stephen demanda Mr Bishop.

— Monsieur est dans son cabinet, répondit le groom. Si monsieur veut me dire son nom, je l'annoncerai.

Stephen se nomma. Le groom sortit et revint aussitôt en disant :

— Monsieur reçoit.

Stephen monta un étage et se trouva dans le cabinet de Mr Bishop.

Nous avons décrit ce personnage dans la première partie de notre récit, lors du mémorable duel entre Tom Turnbull et Mich, le beau-frère du petit Snail. Nous ne recommencerons point ce portrait, trop peu séduisant, assurément, pour qu'on ait fantaisie de s'y reprendre à deux fois. Néanmoins, nous serons forcés d'indiquer, en passant, quelques traits oubliés ou rendus autres par le changement de jour.

Bishop le burkeur était vêtu d'une robe de chambre de satin, dont les broderies changeantes avaient de rouges et magnifiques reflets. Sur son front se posait de côté un bonnet de forme écossaise, en tartan écarlate. Il était demi-couché sur une ottomane de velours, posée contre la muraille également tendue de velours. L'ottomane, les fauteuils, la tenture et aussi les rideaux demi-fermés des croisées étaient rouges.

Tout ce rouge jetait sur la face du *burkeur*, couché, une couleur apoplectique effrayante à voir.

Auprès de lui, un grand chien d'Écosse, au poil roussâtre, était étendu sur le tapis. L'émail de ses yeux, reflétant le jour ardent de ce réduit étrange, rayonnait une lueur réellement diabolique.

Mr Bishop était aussi, dans son genre, un *eccentric man*. Cet ameublement était de son invention.

Il fumait une longue pipe de Turquie, dont le fourneau à réservoir s'appuyait sur le sol, et envoyait vers le plafond des spirales de vapeur empourprée.

Stephen, en entrant dans cette chambre, eut d'abord une sorte d'éblouissement causé par la couleur insolite qui déteignait sur tous les objets.

La première chose qu'il aperçut parmi cet ardent chaos, fut l'œil enflammé du chien d'Écosse, qui gronda sourdement et fit scintiller l'éclair de ses prunelles.

Ensuite il distingua les contours d'une face de boule-dogue, coiffée d'un bonnet de velours. C'était le burkeur. Stephen s'avança vers lui.

— Oh! oh! dit Bishop sans se déranger, c'est vous qu'on appelle Mac-Nab?... Je ne vous connais pas... Que voulez-vous?

— Je vous connais, moi, répondit Stephen

dont tout le sang-froid était revenu ; — et je veux voir vos sujets.

— Mes sujets ? de par Dieu ! s'écria Bishop avec un gros rire... je suis moi-même un fidèle sujet du roi... Où pensez-vous être, mon camarade, pour me parler de sujets ?... Vous êtes si pâle, que tout mon velours ne suffit pas à vous mettre du rouge sur le visage... Je pense que vous n'êtes pas venu ici pour vous moquer de moi ?

— Je vous répète, répliqua Stephen, que je viens pour acheter un sujet.

— Du diable ! gronda Bishop en se levant d'un bond et en saisissant le jeune médecin au collet : — Seriez-vous un homme de police, mon camarade ?

Le chien d'Écosse tendit ses jarrets de devant et ramassa ceux de derrière comme s'il allait s'élancer à la gorge de Stephen.

FIN DU SIXIÈME VOLUME.

TABLE.

TROISIÈME PARTIE.

LA GRANDE FAMILLE.

I. — Veille.	3
II. — Agonie.	37
III. — Près d'un cadavre.	69
IV. — Le Coin du Lord.	103
V. — Par la fenêtre.	135
VI. — Argot.	169
VII. — Délire.	205
VIII. — La Saignée.	225
IX. — Chez Perceval.	259
X. — Deux Souvenirs.	295
XI. — La Nouvelle d'un malehur.	321
XII. — Le Bureau de Mr Bishop.	361

En vente chez les mêmes Éditeurs.

LE DOCTEUR ROUGE

PAR JEAN LAFITTE,

Auteur des Mémoires de Fleury.

3 vol. in-8°. — Prix : 22 fr. 50 c.

LA JEUNESSE

D'ÉRIC MENWED

Roman historique, traduit du danois d'INGEMANN,

PAR W. DUCKETT.

4 vol. in-8°. — Prix : 30 fr.

Imprimerie de BOULÉ et C⁽ᵉ⁾, rue Coq-Héron, 3.

www.ingramcontent.com/pod-product-compliance
Lightning Source LLC
Chambersburg PA
CBHW052038230426
43671CB00011B/1705